그림으로 배우는

클라우드

Cloud

2nd Edition

Computing

**클라우드 서비스의 종류 및 개요부터 실제 사례까지
그림으로 쉽게 설명합니다.** 하야시 마사유키 저·서재원 역

YoungJin.com Y.
영진닷컴

그림으로 배우는
클라우드 2nd Edition

ILLUST ZUKAISHIKI KONO ISSATSU DE ZENBU WAKARU CLOUD NO KIHON
DAI 2HAN
Copyright © Masayuki Hayashi
First published in Japan in 2019 by SB Creative Corp., Tokyo
Korean Translation rights arranged with SB Creative Corp.
through Shinwon Agency Co

독자님의 의견을 받습니다
이 책을 구입한 독자님은 영진닷컴의 가장 중요한 비평가이자 조언가입니다. 저희 책의 장점과 문
제점이 무엇인지, 어떤 책이 출판되기를 바라는지, 책을 더욱 알차게 꾸밀 수 있는 아이디어가 있
으면 이메일, 또는 우편으로 연락주시기 바랍니다.
의견을 주실 때에는 책 제목 및 독자님의 성함과 연락처(전화번호나 이메일)를 꼭 남겨 주시기 바
랍니다. 독자님의 의견에 대해 바로 답변을 드리고, 또 독자님의 의견을 다음 책에 충분히 반영하
도록 늘 노력하겠습니다.

ISBN   978-89-314-6314-9

주 소   (우)08507 서울시 금천구 가산디지털1로 128 STX-V타워 4층 401호
대표팩스   (02)867-2207
등 록   2007. 4. 27. 제16-4189호
이메일   support@youngjin.com

저자 하야시 마사유키 | **역자** 서재원 | **진행** 김태경
본문 편집 이경숙 | **표지 디자인** 임정원
영업 박준용, 임용수, 김도현 | **마케팅** 이승희, 김근주, 조민영, 김예진, 이은정
제작 황장협 | **인쇄** 제이엠

머리말

'클라우드 컴퓨팅'이라는 키워드가 주목을 받은 지 10년 이상이 흘렀고, 이제 클라우드 컴퓨팅은 비즈니스와 생활에서 완전히 빼뜨릴 수 없는 존재가 되었습니다.

초기의 클라우드 서비스는 웹 서비스 시스템을 제공하기 위한 것이었지만, 현재는 기업의 정보 시스템, IoT(Internet of Things) 및 AI(Artificial Intelligence: 인공 지능) 등의 다양한 디지털 기술 플랫폼으로 기능하고 있습니다.

클라우드를 도입하는 기업과 클라우드 관련 업무를 담당하는 사람들 또한 증가하여, 클라우드를 다루는 다양한 기술 서적과 경제지 등을 쉽게 접할 수 있게 되었습니다. 한편으로, 이제 막 IT 분야에 종사하게 되거나, 기업의 정보 시스템 담당자로 배치되어서, 클라우드를 기본부터 체계적으로 배우고 싶으신 분들도 있으리라 생각합니다.

이 책은 Chapter 1 '클라우드란', Chapter 2 '클라우드 서비스와 그 이용법', Chapter 3 '클라우드 서비스를 구현하는 기술', Chapter 4 '클라우드 도입에 앞서', Chapter 5 '클라우드 서비스 사업자', Chapter 6 '업종별 · 목적별 클라우드 활용 사례'로 구성되어 있습니다. 클라우드의 기본적인 내용부터 비즈니스와 기술, 서비스, 활용 사례 등에 이르기까지 일러스트를 섞어 폭넓고 균형감 있게 정리했습니다.

이번에 2판을 발간하면서, 시대의 변화에 맞추어 내용을 추가하고 수정했습니다. 특히 클라우드 서비스 사업자에 관한 설명을 크게 강화했습니다. 엣지 컴퓨팅 등 주목할 만한 기술의 해설도 담았습니다.

앞으로는 데이터의 활용과 디지털화의 흐름이 더욱더 빨라질 것이고, 보다 많은 업종과 산업에서 다양한 용도로 클라우드 서비스를 사용하게 될 것입니다.

이 책을 통해 클라우드의 기본을 이해하실 수 있기를 바랍니다. 그리고 자사의 정보 시스템에 클라우드 서비스를 도입하고자 하는 분, 혹은 비즈니스에 클라우드 서비스를 적극적으로 활용하고자 하는 많은 분께 많은 도움이 되기를 바랍니다.

하야시 마사유키

역자 머리말

이 책의 1판이 발매된지도 벌써 3년이라는 시간이 흘렀고, 클라우드 서비스는 어느덧 우리 생활 속 필수 인프라로 자리잡았습니다.

최근 COVID-19의 영향으로 외부 활동이 어려워진 만큼 클라우드 서비스에 더 많이 의존하게 된 것 같습니다.

흘러간 세월만큼 클라우드를 지탱하는 기술과 그것을 마케팅하는 용어들도 바뀌었는데, 이번 판에서는 특히 이 부분에서 많은 변화가 있었습니다.

클라우드 서비스를 처음 접하시는 분과 클라우드 서비스를 항상 다루시는 분 모두가 만족할 수 있도록 단어를 신중하게 고르고 문장을 다듬었습니다.

부디 이 책이 많은 분들에게 도움이 되기를 바랍니다.

감사합니다.

서재원

Chapter **4**   클라우드 도입을 향해

Chapter **5** 클라우드 서비스 사업자

Chapter **6** 업종별 · 목적별 클라우드 활용 사례

클라우드란?

이 장에서는 '클라우드란 도대체 무엇인가?' '왜 시스템 개발에 있어서 중요해지고 있는 것인가' 와 같은 기본 중의 기본적인 내용을 설명합니다. 클라우드는 서비스 형태에 따라 부르는 이름이 다양합니다. 형태별 클라우드에 대해서도 정리하여 이해하도록 합시다.

01 클라우드 컴퓨팅이란?

클라우드 컴퓨팅(이하 클라우드)이란 컴퓨터를 사용한 정보 처리를 자신이 보유한 PC 가 아닌, 인터넷 '너머'에 존재하는 클라우드 사업자의 컴퓨터에서 처리하는 서비스를 뜻합니다. 이는 사고방식 혹은 개념을 나타내는 단어이며, 어떤 특정 기술을 가리키는 것이 아니라는 점에 주의하시기 바랍니다.

클라우드(cloud)는 '구름'이라는 뜻인데, 이는 네트워크나 인터넷을 그림으로 표현할 때, 구름 그림으로 표현했던 것에 유래한다고 합니다. 네트워크와 인터넷은 그 내용을 모르더라도 연결하기만 하면 서비스를 이용할 수 있습니다. 이와 마찬가지로, 클라우드 컴퓨팅 또한 인터넷 '너머'가 어떻게 되어 있는지 몰라도 서비스로써 사용할 수 있습니다.

기업이 클라우드를 이용할 경우, 회사의 정보를 회사 안에 구축한 시스템에서 처리하는 것이 아니라 클라우드 사업자의 데이터 센터 안의 시스템에서 처리하게 됩니다. IT 자산을 '소유'하는 것이 아니라, 서비스로 '이용'하는 모델입니다. 클라우드 이용자는 인터넷에 접속한 후, 웹 브라우저 또는 클라우드 서비스 전용 소프트웨어로 서비스를 이용합니다.

클라우드란 '은행 예금'과 같은 것

클라우드의 개념은 은행에 비유해 보면 쉽게 이해할 수 있습니다. 우리는 대부분의 금융 자산을 금융기관에 예치하고 있습니다. 이는 금융 자산을 자신의 금고에 보관하는 것보다 안전하며, 자산 운용에서 수익을 창출한다는 이점도 있습니다. 예치된 금융 자산은 전세계의 ATM(현금 자동 입출금기)에서 필요할 때 필요한 금액을 찾을 수 있으며, PC나 스마트폰으로 쉽게 이체 등의 은행 업무를 처리할 수 있지만 은행이 금융 자산을 어디에서 관리하는지, 혹은 어떻게 처리하는지를 의식하고 사용하는 경우는 거의 없을 것입니다.

금융 기관에 회사의 금융 자산을 맡기는 것을 당연하다고 느끼듯이, **입증된 클라우드 사업자에게 회사의 정보 자산을 맡겨 안전하게 운용하는 사례 또한 늘어날 것입니다.**

하나 더   클라우드 컴퓨팅의 이용 형태는 은행 예금뿐만 아니라, 전력 및 수도와 같은 사회 인프라를 필요할 때 필요한 만큼 사용하는 것에 비유되기도 합니다.

● 클라우드 컴퓨팅이란?

컴퓨터와 소프트웨어를 자신이 소유하는 것이 아니라, 네트워크를 통해 클라우드 사업자의 컴퓨터와 소프트웨어를 서비스로서 사용할 수 있습니다.

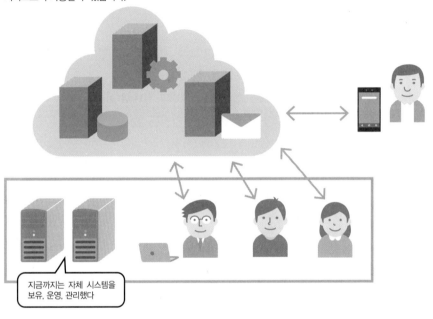

지금까지는 자체 시스템을 보유, 운영, 관리했다

● 클라우드는 '은행 예금'과 같은 것

은행 예금의 경우	클라우드의 경우

금융 자산을 직접 보관하는 것이 아니라 금융 기관에 맡긴다. 필요할 때 전 세계의 ATM을 통해 찾을 수 있다.

정보 자산을 자체적으로 보관하는 것이 아니라, 클라우드 사업자에게 맡긴다. 필요할 때 네트워크를 통해 이용할 수 있다.

금융 기관

클라우드 사업자

관련 용어　클라우드 사업자 ▶▶▶ p.128　　데이터 센터 ▶▶▶ p.92

02 클라우드가 등장한 배경

클라우드가 등장하기까지의 흐름

　IT를 활용한 정보 처리 시스템은 10년을 주기로 큰 변화를 맞이합니다. 이 절에서는 클라우드가 등장하기까지의 흐름을 살펴보도록 하겠습니다.

　1980년대는 '메인 프레임'이라고 하는 대형 범용 컴퓨터의 시대였습니다. 모든 데이터와 애플리케이션을 메인 프레임에 모아 처리하였고, 단말기는 입력과 출력 표시 기능만 담당했습니다. 1990년대에는 클라이언트 단말기에도 처리 기능을 부여한 분산형 클라이언트 서버 모델이 주류가 되었습니다. 2000년대에 들어서면서 사내 시스템이 네트워크 환경 위에 구축되면서 처리가 서버에 집중되었습니다. 그리고 2010년경부터 전 세계에 분산 배치된 서버 리소스를 필요한 때 필요한 만큼 사용하는 클라우드 컴퓨팅 모델로 발전하고 있습니다.

클라우드가 보급된 배경

　클라우드 컴퓨팅이 실현 가능하게 되어, 보급된 배경에는 몇 가지 요인이 있습니다.

　첫째, 다양한 기술의 발전을 들 수 있습니다. CPU의 처리 속도 고속화가 진행된 점, 가상화 기술과 분산 처리 기술 등의 발전, 모바일의 융성과 빨라지고 저렴해진 네트워크, 거대해진 데이터 센터에 의한 규모의 경제(스케일 메리트)가 클라우드가 등장하는 환경을 조성하였습니다.

　또한, 기업 사용자와 클라우드 사업자 모두에게 클라우드를 받아들일 환경이 갖추어졌다는 점을 들 수 있습니다. 기업 사용자에게는 IT 투자 비용의 절감, 유연한 서비스 설계와 이용, 구축 및 운용 부담의 경감 등이 과제가 되고 있으며, 클라우드를 통해 이를 해결하고자 하는 기대가 있습니다. 클라우드 사업자에게는, 기업 사용자에게 컴퓨팅 자원을 셀프서비스의 형태로 제공하게 되므로 서비스 제공의 효율성이 높아집니다. 또한, 지속적인 매출을 올릴 수 있다는 점에서 안정적인 수익원이 된다는 장점이 있습니다.

● 정보 처리 시스템은 10년을 주기로 큰 변화를 맞이한다

CPU의 처리능력 향상, 빨라지고 저렴해진 네트워크, 가상화 기술 및 분산 처리 기술의 발전, 거대해진 데이터 센터로 실현된 규모의 경제 등으로 인해 클라우드가 보급되는 환경이 마련되었습니다.

1980년

메인 프레임

애플리케이션과 데이터 모두를 메인 프레임(대형 범용 컴퓨터)이 집중 처리.
단말기는 입력과 출력, 표시 기능만 담당.

1990년

클라이언트 서버

클라이언트 단말기에 처리 기능을 탑재함. 집중 처리에서 분산 처리로.

> 단말기의 성능이 향상됨

2000년

네트워크 컴퓨팅

웹 브라우저를 이용한 애플리케이션이 회사 인트라넷에 구축됨. 처리가 다시 서버에 집중됨.

> 네트워크의 고속화

2010년

클라우드 컴퓨팅

서버를 보유하는 것이 아니라, 전 세계에 분산된 서버의 리소스들을 서비스로써 이용하는 모델.

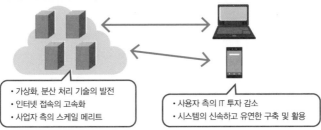

• 가상화, 분산 처리 기술의 발전
• 인터넷 접속의 고속화
• 사업자 측의 스케일 메리트

• 사용자 측의 IT 투자 감소
• 시스템의 신속하고 유연한 구축 및 활용

관련
용어   가상화 기술 ▶▶▶ p.66   데이터 센터 ▶▶▶ p.92   분산 처리 기술 ▶▶▶ p.72

03 클라우드의 정의와 특징

'클라우드'의 범주 안에서 이용자에게 제공되는 서비스의 종류와 이용 형태는 가지각색입니다. 먼저, 클라우드를 이해하기 위해서 NIST(미국 국립 표준 기술연구소)가 정한 클라우드 컴퓨팅의 정의를 참고할 수 있을 것입니다.

클라우드 컴퓨팅이란, 공유 구성이 가능한 컴퓨팅 리소스(네트워크, 서버, 스토리지, 애플리케이션 서비스)의 통합을 통해 어디서나 간편하게, 요청에 따라 네트워크를 통해 접근하는 것을 가능하게 하는 모델이다. 이는 최소한의 이용 절차 또는 서비스 공급자의 상호 작용을 통해, 신속히 할당되어 제공된다.

NIST는 일반적인 클라우드의 특징으로 다음의 5가지 항목을 들고 있습니다.

1 주문형 셀프 서비스

사업자와 직접 상호 작용하지 않고, 사용자의 개별 관리화면을 통해 서비스를 이용할 수 있다.

2 광범위한 네트워크 접속

모바일 기기 등의 다양한 디바이스를 통해 서비스에 접속할 수 있다.

3 리소스의 공유

사업자의 컴퓨팅 리소스를 여러 사용자가 공유하는 형태로 이용한다. 또한, 사용자는 자신이 사용하는 리소스의 정확한 위치를 알 수 없다.

4 신속한 확장성

필요에 따라, 필요한 만큼의 스케일 업(처리 능력을 높이는 것)과 스케일 다운(처리 능력을 낮추는 것)이 가능하다.

5 측정 가능한 서비스

이용한 만큼 요금이 부가되는 종량제.

이러한 특징 외에도 SaaS, PaaS, IaaS와 같은 서비스 모델과 프라이빗 클라우드, 퍼블릭 클라우드와 같은 이용 모델로 구성됩니다. 각각의 자세한 내용은 뒤에서 설명하도록 하겠습니다.

● **일반적인 클라우드 서비스의 5가지 특징**

클라우드에는 다양한 서비스 모델과 다양한 사용 모델이 있으며, 많은 수의 사업자가 존재합니다. 그러나 이 페이지에서 열거한 5가지 특징은 공통 사항입니다.

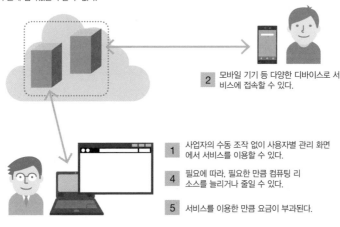

3 여러 사용자가 같은 컴퓨팅 리소스를 공유하여 이용한다.
사용자마다 리소스가 할당되지만, 사용자는 시스템의 어느
부분에 접속했는지 알 수 없다.

2 모바일 기기 등 다양한 디바이스로 서
비스에 접속할 수 있다.

1 사업자의 수동 조작 없이 사용자별 관리 화면
에서 서비스를 이용할 수 있다.

4 필요에 따라, 필요한 만큼 컴퓨팅 리
소스를 늘리거나 줄일 수 있다.

5 서비스를 이용한 만큼 요금이 부과된다.

● **클라우드 서비스 모델과 이용 모델**

클라우드 서비스 모델

- SaaS
  (Software as a Service)
- PaaS
  (Platform as a Service)
- IaaS
  (Infrastructure as a Service)

클라우드 이용 모델

- 프라이빗 클라우드
- 커뮤니티 클라우드
- 퍼블릭 클라우드
- 하이브리드 클라우드

클라우드 서비스는 퍼블릭 클라우드 형태의 SaaS, 퍼블릭 클라우드
형태의 PaaS, 프라이빗 클라우드 형태의 PaaS처럼 서비스 모델과 이
용 모델을 조합해서 분류할 수 있습니다.

관련
용어

IaaS ▶▶▶ p.24   PaaS ▶▶▶ p.22   SaaS ▶▶▶ p.20   커뮤니티 클라우드 ▶▶▶ p.26
하이브리드 클라우드 ▶▶▶ p.26   퍼블릭 클라우드 ▶▶▶ p.26   프라이빗 클라우드 ▶▶▶ p.26

04 클라우드의 장점

클라우드에는 기존 방식인 자체 시스템을 구축하는 방식(온프레미스, On-Premise)과 비교했을 때 다양한 장점이 있습니다. 몇 가지 관점에서 정리해 보도록 하겠습니다.

- **경제성**

자체 시스템을 구축할 경우, 피크 타임의 이용량을 예상하여 그만큼의 하드웨어와 소프트웨어를 구입해야만 합니다. 반면, 클라우드의 경우에는 하드웨어와 소프트웨어를 소유하지 않고 사용하고자 하는 기능을, 사용하고자 하는 기간만 서비스로써 사용할 수 있습니다. 또한, 부서나 사업소 등이 각자 관리하던 소프트웨어와 데이터를 클라우드에서 통합 관리함으로써 소프트웨어 업데이트 작업 및 데이터 유지보수의 효율성을 높이고 비용을 절약할 수 있습니다.

- **유연성**

자체 시스템을 구축할 경우, 서버의 증축 및 시스템 확장에 고도의 기술과 엄청난 비용이 필요합니다. 반면에 클라우드의 경우에는 컴퓨팅 리소스를 필요할 때, 필요한 만큼 확장하고, 그다지 필요하지 않을 때는 축소하는 등 유연한 활용이 용이합니다.

- **가용성**

자체 시스템을 구축할 경우, 서버의 장애에 대처하기 위해 이중화 및 백업 등의 조치가 필요합니다. 반면에 클라우드의 경우에는, 재해에 강한 데이터 센터 안의 일부 하드웨어에 장애가 발생하더라도 서비스를 계속해서 사용할 수 있도록 구성되어 있기 때문에, 자체 시스템을 구축할 때보다 낮은 가격에 가용성이 높은 환경을 사용할 수 있습니다. 또한, 대부분의 클라우드 사업자들은 가용성 계약서로써 SLA(Service Level Agreement, 서비스 수준 협약서)를 공개하고 있습니다.

- **빠른 구축 속도**

자체적으로 시스템을 구축할 경우, 설계 후 하드웨어와 소프트웨어를 조달하여 배치하기까지 시간이 걸립니다. 클라우드의 경우, 클라우드가 제공하는 하드웨어와 소프트웨어를 이용하여 시스템을 신속하게 구축할 수 있습니다.

> **하나 더** 클라우드에는 위에서 언급한 장점은 물론, 업무의 효율성 향상/투자 리스크의 감소/유지보수 인력의 부담 경감 등, 비용으로 환산하기 어려운 다양한 장점이 있습니다.

● **자체적으로 시스템을 구축하는 경우(온프레미스)와 비교한 클라우드의 장점**

클라우드를 이용한 시스템 구축은 자체 시스템을 구축하는 경우와 비교하여 경제성, 유연성, 가용성, 빠른 구축 속도에서 우위에 있습니다.

	온프레미스의 경우	클라우드의 경우

경제성	• 사전에 시스템 이용 피크 타임을 예측해서 그만큼의 장비와 소프트웨어를 사야만 한다. 피크 타임 이외에는 리소스 낭비가 발생한다. • 클라우드에 비해 규모의 경제가 작동하지 않으므로 가격 인하를 기대할 수 없다.	• 사용하고자 하는 기능을, 사용하고자 하는 기간만 사용하므로 낭비가 없다. • 소프트웨어 및 데이터를 클라우드로 통합 관리함으로써, 소프트웨어의 업데이트 작업 및 데이터의 관리를 효율적으로 할 수 있으므로 비용이 절약된다.
유연성	• 서버 구축과 시스템 확장에는 고도의 기술과 엄청난 비용이 필요하다. 구축된 시스템을 가볍게 확장하거나 축소할 수 없다.	• 컴퓨팅 리소스를 떼어서 팔기 때문에, 필요할 때 필요한 만큼 시스템을 확장하고, 필요가 없어지면 간단히 축소할 수 있다.
가용성	• 서버의 장애 조치가 필요한 경우, 시스템의 이중화 및 백업 등의 조치가 필요하다.	• 재해를 대비한 데이터 센터를 이용하거나, 장애에 대비한 시스템을 구성하여 시스템의 가용성을 높였기 때문에 자체 시스템보다 신뢰성이 높은 경우도 있다. • 사업자가 가용성에 대해 계약하는 SLA를 공개하고 있다.
빠른 구축 속도	• 시스템 설계 후, 하드웨어와 소프트웨어를 조달하고 배치하는 데 시간이 걸린다.	• 클라우드 사업자가 준비한 인프라를 활용하여, 신속하게 시스템 구축에 착수할 수 있다.

관련 용어 비용의 비교 ▶▶ p.30   데이터 센터 ▶▶ p.92   도입과 확장성 비교 ▶▶ p.32

05 SaaS란?

클라우드 컴퓨팅 서비스는 다양하게 발전하고 있습니다. 따라서 서비스 제공 형태를 구별하기가 어려워지고 있지만, 크게 나누어 'SaaS(Software as a Service, 서비스로서의 소프트웨어)', 'PaaS(Platform as a Service, 서비스로서의 플랫폼)', 'IaaS(Infrastructure as a Service, 서비스로서의 인프라)' 총 3가지로 분류할 수 있습니다.

이 절에서는 SaaS에 대해 설명합니다. SaaS란 주로 업무에서 사용하는 소프트웨어의 기능을, 인터넷 등의 네트워크를 통해 필요한 만큼 서비스로 이용할 수 있도록 제공하는 형태를 뜻합니다. 하나의 서버를 여러 기업에서 공유하는 것을 전제한 멀티 테넌트 방식 서비스를 제공합니다. 그러나 데이터는 기업 사용자별로 분리되도록 설계하여 보안성을 확보합니다.

소프트웨어의 업데이트 작업은 기업 사용자가 아니라 클라우드 사업자가 수행합니다. 따라서 항상 최신 기능을 사용할 수 있으며 소프트웨어의 버그가 방치되지 않습니다.

SaaS는 서비스를 계약하고 사용자 계정을 마련하면 서비스를 바로 이용할 수 있습니다. 패키지 소프트웨어를 구입하는 경우와 비교해 보면 도입부터 납기 사이의 간격이 매우 짧습니다. SaaS로 제공하는 대표적인 소프트웨어로는 정보 시스템의 전자 메일, 그룹웨어, CRM(Customer Relationship Management, 고객 관리 시스템) 등이 있으며, 대표적인 SaaS 서비스로는 마이크로소프트의 Office 365, 구글의 G Suite 등이 있습니다.

SaaS는 인터넷을 통해 활용합니다. 그래서 회사의 PC는 물론 이동 중에도 스마트폰이나 태블릿 등의 다양한 기기로 접속할 수 있는 등, 기기를 가리지 않습니다. 다양한 사업 규모를 가진 기업들이 이메일/일정/영업 정보 등을 다양한 구성원과 교환할 수 있는 서비스를 도입하고 있습니다.

SaaS를 도입할 예정이라면, 전자 메일이나 그룹웨어 등을 먼저 검토하는 것이 좋을 것입니다. 재무회계와 인사 급여 등 기업의 핵심에 위치한 미션 크리티컬한 업무 영역에도 도입이 추진되고 있습니다.

> 하나 더 SaaS와 ASP(Application Service Provider)의 차이점은 SaaS가 공유 자원을 여러 사용자들이 공유하는 멀티 테넌트인 반면, ASP는 싱글 테넌트라는 점입니다.

● SaaS는 소프트웨어의 기능을 네트워크를 통해 이용하는 형태

기존의 패키지 소프트웨어처럼 모든 기능을 라이센스별로 구매하는 것이 아니라, 필요한 기능을 필요한 기간만큼 임대하는 방식으로 이용합니다.

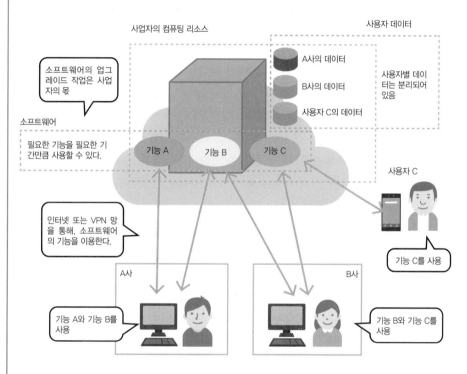

● SaaS는 하드웨어에서 애플리케이션 모두를 사업자가 운용하고 관리한다.

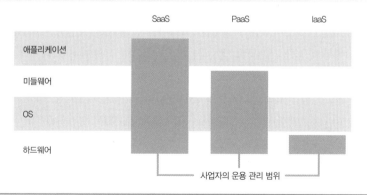

관련
용어   IaaS ▶▶▶ p.24   PaaS ▶▶▶ p.22

06 PaaS란?

'PaaS(Platform as a Service, 서비스로서의 플랫폼)'란 기업의 애플리케이션 실행 환경 및 애플리케이션 개발 환경을 서비스로써 제공하는 모델입니다.

기업 사용자가 자사에서 애플리케이션 개발 환경을 처음부터 구축하는 것은 많은 시간이 소요되는 일입니다. 그런 점에서 PaaS에는 Java, PHP, Ruby 등의 프로그래밍 언어를 지원하는 애플리케이션 실행 환경이나 데이터베이스 등이 미리 마련되어 있습니다. 따라서 인프라 구축 및 운용 보수를 하지 않아도 그 기반을 사용할 수 있으므로, 단기간에 응용 프로그램을 개발하여 서비스를 제공할 수 있습니다.

PaaS와 IaaS의 차이점은 서버, 네트워크, 보안 부분을 클라우드 사업자에게 위임한 다는 점으로 구축 및 운영이 쉽습니다. 또한 SaaS는 정해진 소프트웨어를 서비스로 제공하지만, PaaS는 자사에서 개발한 응용 프로그램을 가동할 수 있습니다. 때문에, 어플리케이션 활용 자유도가 높다는 점이 특징입니다. 그러나 반대로 말하면 서버 및 미들웨어의 상세한 설정을 할 수 없을 수 있으며, 특정 PaaS 환경에 대한 의존도가 높아지게 되면 다른 환경으로의 마이그레이션이 어려워질 수도 있습니다. 클라우드 사업자가 마련한 환경이 자사에 어울리는지를 점검하는 것 또한 포인트입니다.

PaaS의 주된 이용 용도는, 개발 및 테스트 시행에 큰 처리 능력이 필요한 경우 혹은 자사에서 운용 중인 애플리케이션의 최대 부하를 분산 처리하는 경우 등을 들 수 있습니다.

또한, 스마트 폰이나 태블릿 등의 모바일 서비스에서 인터넷 접속이 필요한 경우에도 적합합니다. 그 외에도, 다양한 '사물'들이 인터넷을 통해 서로 통신하는 IoT(Internet of Things)에서 다양한 기기들이 생성하는 센서 데이터 같은 대용량 데이터를 효율적으로 수집하여 처리하는 플랫폼으로도 주목을 받고 있습니다.

PaaS로 제공되는 대표적인 서비스와 소프트웨어로는 사이보우즈의 kintone, 오픈 소스 PaaS 기반 소프트웨어 Cloud Foundry와 OpenShift 등이 있습니다.

하나 더   PaaS를 애플리케이션 실행 환경을 제공하는 플랫폼이라는 뜻의 APaaS(Application Platform as a Service)라고 부르는 경우도 있습니다.

● **PaaS는 애플리케이션 개발 환경을 네트워크를 통해 이용하는 형태**

사용자는 클라우드 사업자가 제공하는 애플리케이션 개발 환경을 이용하여 환경 구축의 수고를 덜게 되고, 단기간의 서비스 개발 및 제공을 할 수 있게 됩니다.

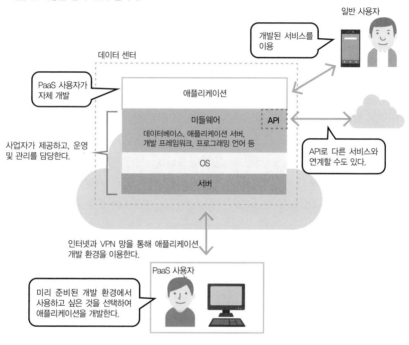

● **PaaS로 제공되는 대표적인 도구와 서비스**

	API 서비스	인증 · 과금, 알림, 분석 등의 부가 서비스
개발 도구, 부속 서비스	SDK	모바일용 소프트웨어 개발도구 등
	개발 프레임워크	Ruby on Rails, Sinatra, Spring, Node.js, Eclipse 등
핵심 기능	프로그래밍 언어	Ruby, Java, Python, PHP 등
	애플리케이션 서버	Apache Tomcat, Jboss 등
	데이터베이스 서비스	MySQL, PostgreSQL, MongoDB, Amazon RDS, Oracle DB 및 Microsoft SQL Server 등
	메시징 미들웨어	RabbitMQ, Amazon SQS 등
	다른 서비스의 지원	추가 기능, API와의 연계 등
	기타	애플리케이션 통합, 비즈니스 프로세스 관리, 데이터 통합, 관리 파일 전송, 포털, 보안, 테스트 환경 등

관련
용어

API ▶▶▶ p.96   IaaS ▶▶▶ p.24   데이터 분석/IoT 서비스 ▶▶▶ p.58
PaaS 기반 소프트웨어 ▶▶▶ p.80   SaaS ▶▶▶ p.20

07   IaaS란?

'IaaS(Infrastructure as a Service, 서비스로서의 인프라 스트럭처)'는 CPU나 하드웨어 등의 컴퓨팅 리소스를 네트워크를 통해 서비스로 제공하는 모델입니다.

대표적인 IaaS의 서비스로는 **가상 서버 및 온라인 스토리지** 등을 들 수 있습니다. 가상 서버란 클라우드 사업자가 보유하는 물리적 서버의 CPU와 메모리, 스토리지 등의 **하드웨어 자원을 소프트웨어적으로 나누어 사용자에게 제공하는** 것입니다. 기업 사용자는 물리적 서버를 구입하지 않고, 필요할 때 필요한 만큼의 가상 서버를 만들 수 있습니다. 단 몇 분 안에 가상 서버를 생성할 수도 있습니다. 생성된 가상 서버 리소스는 필요에 따라 자유롭게 스케일 업, 스케일 다운이 가능합니다. 가상 서버에서는 OS에 설치되는 데이터베이스와 미들웨어, 응용 프로그램 등의 소프트웨어를 자유롭게 운영할 수 있지만, 기업 사용자가 스스로 설치하고 관리해야 합니다.

IaaS의 요금 체계는 많은 클라우드 서비스에서 **사용량에 따른 종량제 혹은 월 정액제를 채택하고 있습니다.** 또한, 데이터 업로드와 다운로드에 의한 데이터 전송량에 따라 요금이 부과될 수 있습니다(클라우드 사업자에 따라, 데이터 전송량이 무료인 경우도 있습니다).

IaaS의 활용 예로서, 웹 사이트의 서버를 들 수 있습니다. 웹 사이트를 운영할 때 프로모션 이벤트용 웹 페이지를 개설한다면, 단기간에 엄청난 접속자가 몰릴 수 있습니다. 그래서, 프로모션을 진행하는 동안만 **일시적으로 컴퓨팅 리소스를 많이 빌려서 사용하고, 프로모션이 종료되면 리소스를 감축시키는** 등 리소스의 양을 유연하게 변경함으로써 안정적인 웹 사이트의 구축 비용과 운용 비용을 절감할 수 있습니다.

또한, 기업의 기간계 시스템 등 주요 시스템의 기반에도 IaaS가 보급되고 있습니다. 예를 들어, 기업의 업무 통합 패키지 **ERP(전사적 자원 관리)**를 IaaS에서 실행하는 등의 사례가 등장하고 있습니다.

대표적인 IaaS 서비스에는 Amazon Web Services가 제공하는 Amazon Elastic Compute Cloud(EC2) 등이 있습니다.

하나 더   IaaS의 제공 모델을 HaaS(Hardware as a Service)라고 부르기도 하지만, 지금은 대부분 IaaS라고 부릅니다.

● IaaS란 하드웨어 자원을 네트워크를 통해 이용하는 형태

사용자는 하드웨어를 보유하지 않고 서버와 스토리지, 네트워크 등의 리소스와 기능을 사용할 수 있습니다. 또한, 언제든지 신속하게 자원을 추가하거나 제거할 수 있습니다.

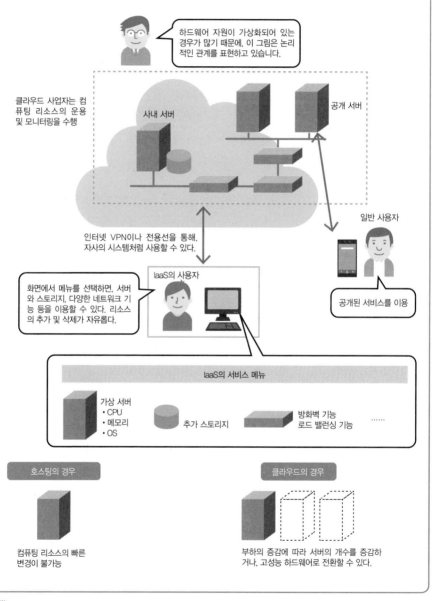

하드웨어 자원이 가상화되어 있는 경우가 많기 때문에, 이 그림은 논리적인 관계를 표현하고 있습니다.

클라우드 사업자는 컴퓨팅 리소스의 운용 및 모니터링을 수행

사내 서버

공개 서버

일반 사용자

인터넷 VPN이나 전용선을 통해, 자사의 시스템처럼 사용할 수 있다.

IaaS의 사용자

화면에서 메뉴를 선택하면, 서버와 스토리지, 다양한 네트워크 기능 등을 이용할 수 있다. 리소스의 추가 및 삭제가 자유롭다.

공개된 서비스를 이용

IaaS의 서비스 메뉴

가상 서버
• CPU
• 메모리
• OS

추가 스토리지

방화벽 기능
로드 밸런싱 기능

……

호스팅의 경우

컴퓨팅 리소스의 빠른 변경이 불가능

클라우드의 경우

부하의 증감에 따라 서버의 개수를 증감하거나, 고성능 하드웨어로 전환할 수 있다.

관련
용어

Amazon Web Services ▶▶▶ p.130   ERP에서의 활용 ▶▶▶ p.174   PaaS ▶▶▶ p.22   SaaS ▶▶▶ p.20
웹 사이트에서의 활용 ▶▶▶ p.164   가상 서버 ▶▶▶ p.46

08 클라우드 이용 모델

퍼블릭 클라우드

퍼블릭 클라우드는 클라우드 사업자가 시스템을 구축하고, 인터넷망 등의 네트워크를 통해 불특정 다수의 기업과 개인에게 서비스를 제공하는 형태입니다. 클라우드 시스템은 기업 또는 개인의 방화벽 외부에 구축됩니다. 사용자 기업은 이 모델에서 자사의 IT 자산을 보유하지 않더라도 컴퓨팅 리소스를 서비스로 사용할 수 있습니다. 필요한 컴퓨팅 자원을 단기간에 저비용으로 마련할 수 있고, 운용 관리 부담이 적다는 장점이 있습니다.

프라이빗 클라우드

프라이빗 클라우드란, 클라우드 서비스의 사용자 또는 사업자의 데이터 센터에 클라우드 관련 기술이 활용된 자사 전용 환경을 구축하여 컴퓨팅 리소스를 유연하게 이용할 수 있는 형태입니다. 가상화, 자동화와 같은 클라우드 관련 기술의 활용으로 인해 시스템의 성능과 비용이 최적화되므로, 유연한 사용자 정의가 가능하다는 점이 특징입니다.

커뮤니티 클라우드

커뮤니티 클라우드란, 공통의 목적을 가진 특정 기업들이 클라우드 시스템을 형성하여 데이터 센터에서 공동 운영하는 형태입니다. 퍼블릭 클라우드와 프라이빗 클라우드의 중간적인 형태입니다.

하이브리드 클라우드

하이브리드 클라우드란, 퍼블릭 클라우드와 프라이빗 클라우드, 커뮤니티 클라우드 같은 클라우드 서비스들과 온프레미스 시스템을 연계시켜 활용하는 시스템 및 서비스를 뜻합니다.

하나 더   퍼블릭 클라우드를 이용하여, VPN 망 등의 폐쇄망 접속을 통한 특정 기업 사용자 전용 클라우드 환경을 제공하는 형태를 가상 프라이빗 클라우드라고 부르기도 합니다.

그림으로 알아보자!

● 클라우드 환경을 누가, 어디에 구축하고 운영하느냐에 따라 부르는 이름이 달라진다.

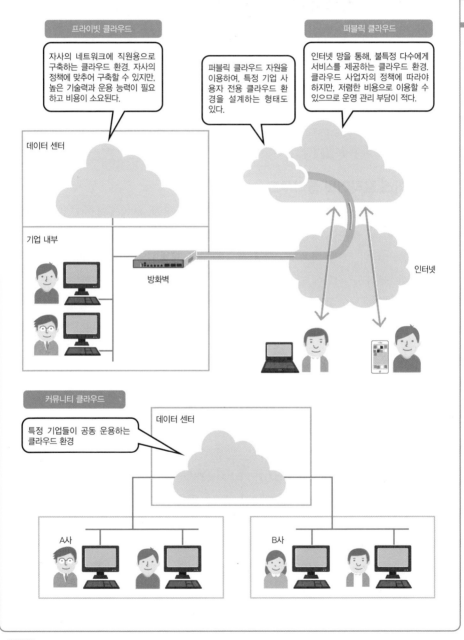

프라이빗 클라우드

자사의 네트워크에 직원용으로 구축하는 클라우드 환경. 자사의 정책에 맞추어 구축할 수 있지만, 높은 기술력과 운용 능력이 필요하고 비용이 소요된다.

퍼블릭 클라우드 자원을 이용하여, 특정 기업 사용자 전용 클라우드 환경을 설계하는 형태도 있다.

퍼블릭 클라우드

인터넷 망을 통해, 불특정 다수에게 서비스를 제공하는 클라우드 환경. 클라우드 사업자의 정책에 따라야 하지만, 저렴한 비용으로 이용할 수 있으므로 운영 관리 부담이 적다.

데이터 센터

기업 내부

방화벽

인터넷

커뮤니티 클라우드

데이터 센터

특정 기업들이 공동 운용하는 클라우드 환경

A사

B사

관련
용어   데이터 센터 ▶▶▶ p.92

09 프라이빗 클라우드의 종류

1-8절에서 설명한 프라이빗 클라우드는 최근 두 가지로 분류되고 있습니다. 하나는 기업 사용자가 장비를 자사의 데이터 센터 등에 설치하고 자사가 보유하고 운용하는 형태입니다. 이를 '온프레미스 프라이빗 클라우드'라고 부릅니다. 다른 하나는 클라우드 사업자가 장비를 보유하고, 프라이빗 클라우드 서비스를 제공하는 형태로, 이를 '호스티드 프라이빗 클라우드'라고 부릅니다.

온프레미스 프라이빗 클라우드

기업 사용자 스스로 클라우드 기반 소프트웨어 등을 이용하고, 자체적으로 구입한 서버 및 스토리지, 하드웨어 리소스 기업 안에 설치하여, 자사 전용 클라우드 환경을 구축해서 운용하는 형태입니다. 기업 사용자 스스로가 시스템을 설계하고 운용·관리하기 때문에, 자사의 시스템 요구 사항에 맞춘 유연한 시스템 설계가 가능합니다. 또한, 자체적인 보안 정책에 따른 강력한 보안 환경을 구축해서 운용할 수 있습니다.

기업 사용자들에게는 스스로 클라우드 환경을 구축하기 위한 구축 및 운영의 부담이 있습니다. 그러나 대규모 클라우드 환경을 구축해서 운용할 경우, 클라우드 사업자가 제공하는 서비스를 이용하기보다는 자체 프라이빗 클라우드 환경을 구축하는 편이 저렴한 비용으로 유연한 환경을 제공할 수 있습니다.

호스티드 프라이빗 클라우드

온프레미스 프라이빗 클라우드 장비는 기업 사용자가 보유합니다. 반면에, 호스티드 프라이빗 클라우드는 클라우드 사업자가 기업 사용자별로 클라우드 환경을 제공하여, 서버와 스토리지 같은 컴퓨팅 리소스를 서비스로 제공하는 형태입니다. 기업 사용자는 서버와 같은 장비를 구입하거나 사내에서 시스템을 구축할 필요가 없으므로, 단기간에 전용 클라우드 환경을 구축하고 월 비용을 지불하여 사용할 수 있습니다.

호스티드 프라이빗 클라우드는 전용선과 VPN 망을 통해 보안 수준이 높은 전용 클라우드 환경을 제공하므로, 기업 사용자별 시스템 사용자 정의에도 유연하게 대응할 수 있습니다.

하나 더   사업자별 퍼블릭 클라우드의 서비스 내용에 차별점이 적어지고, 가격 경쟁이 심화하고 있는 상황에서 프라이빗 클라우드의 영역으로 사업을 전환하는 클라우드 사업자도 늘어나고 있습니다.

● 두 종류의 프라이빗 클라우드

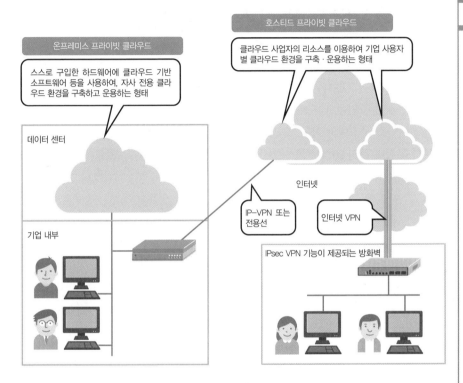

호스티드 프라이빗 클라우드

클라우드 사업자의 리소스를 이용하여 기업 사용자
별 클라우드 환경을 구축·운용하는 형태

온프레미스 프라이빗 클라우드

스스로 구입한 하드웨어에 클라우드 기반
소프트웨어 등을 사용하여, 자사 전용 클라
우드 환경을 구축하고 운용하는 형태

데이터 센터

기업 내부

인터넷

IP–VPN 또는
전용선

인터넷 VPN

IPsec VPN 기능이 제공되는 방화벽

● 두 종류의 프라이빗 클라우드와 퍼블릭 클라우드의 비교

	프라이빗 클라우드		퍼블릭 클라우드
	온프레미스	호스티드	
리소스	전용	전용	공유
인프라 운용	기업 사용자	사업자	사업자
구축 속도	△	○	◎
도입 비용	△	○	◎
운영 비용	△	○	◎
보안	◎	◎	○
유연성	○	◎	◎

관련
용어
IaaS 기반 소프트웨어 ▶▶▶ p.78   PaaS 기반 소프트웨어 ▶▶▶ p.80
하이퍼 컨버지드 인프라 ▶▶▶ p.88   프라이빗 클라우드 ▶▶▶ p.26

10 클라우드와 온프레미스 비용 비교

기업 사용자가 자체 설비로 운용하는 정보계/기간계 시스템을 '온프레미스 시스템'이라고 합니다. 이 절에서는 온프레미스 시스템과 클라우드 서비스를 각각 도입 비용과 운영 비용적인 측면에서 비교해 봅니다.

온프레미스 시스템의 경우, 도입시에 데이터 센터 등의 시설 비용과 서버, 스토리지, 네트워크 장비 등의 하드웨어와 소프트웨어 조달비용이 필요합니다. 그 때, 몇 년 후의 이용량을 예측해서 제품을 선택해야 하며, 거액의 초기 도입 비용을 지불해야 합니다. 또한, 도입 후 운영에는 시설 관리비와 하드웨어 리스 비용 및 임대 비용, 유지 보수 비용, 회선 비용, 운용 담당자의 인건비 같은 비용이 소요됩니다.

클라우드의 경우, 계약 기간을 걱정하지 않고 사용할 용도나 사용 빈도에 따라 필요할 때 필요한 만큼 가상 서버 같은 자원을 유연하게 사용할 수 있으므로, 비용 최적화를 꾀할 수 있습니다. 운영 비용도 월 정액제로 사용할 수 있으므로 평준화시킬 수 있습니다. 또한 시스템을 클라우드 사업자가 운용하므로, 운용에 소요되는 인건비도 크게 줄일 수 있습니다.

클라우드 사업자 간의 가격 경쟁이 거세게 진행되고 있으며, 서비스의 가격 인하가 진행되고 있다는 점도 이용자에게는 이득입니다.

조건에 따라서는 온프레미스가 저렴한 경우도 있다

한편, 기업 사용자가 5년 이상의 장기간에 걸쳐 시스템을 계속 사용하는 경우 혹은 대규모 시스템을 구축하고 운용할 경우에는 클라우드보다 온프레미스가 저렴한 경우도 있습니다.

또한 클라우드 구축 시, 기존 온프레미스 시스템의 수정이나 데이터 이행에 소요되는 비용이 많이 발생하는 경우도 있습니다. 이미 안정적으로 장기간 실행되고 있는 시스템이라면, 클라우드로 마이그레이션 할 때의 비용이 오히려 비쌀 수 있습니다.

자사 시스템의 이용 상황과 갱신 시기를 바탕으로, 클라우드로의 전환이 가져오는 비용 절감 여부를 검토할 필요가 있을 것입니다.

하나 더   클라우드 서비스를 사용하는 많은 수의 기업 사용자가 컴퓨팅 리소스를 공유하므로, 비용 절감은 물론 환경에 미치는 영향도 최소화 할 수 있습니다.

● 온프레미스 시스템과 클라우드의 비용 구조

온프레미스는 초기에 구입해야 할 것이 많으므로, 초기 비용이 비쌉니다. 클라우드는 초기 비용이 저렴합니다.

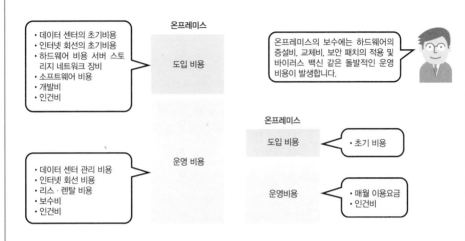

온프레미스

도입 비용

- 데이터 센터의 초기비용
- 인터넷 회선의 초기비용
- 하드웨어 비용 서버 스토리지 네트워크 장비
- 소프트웨어 비용
- 개발비
- 인건비

온프레미스의 보수에는 하드웨어의 증설비, 교체비, 보안 패치의 적용 및 바이러스 백신 같은 돌발적인 운영 비용이 발생합니다.

온프레미스

도입 비용

• 초기 비용

운영 비용

- 데이터 센터 관리 비용
- 인터넷 회선 비용
- 리스·렌탈 비용
- 보수비
- 인건비

운영비용

• 매월 이용요금
• 인건비

● 온프레미스 시스템과 클라우드에 소요되는 비용

시스템을 장기간 이용하는 경우, 온프레미스가 저렴할 수도 있습니다. 그러나, 하드웨어를 교체하거나 제품을 업그레이드하면 결국 클라우드 쪽이 저렴해질 가능성이 있습니다.

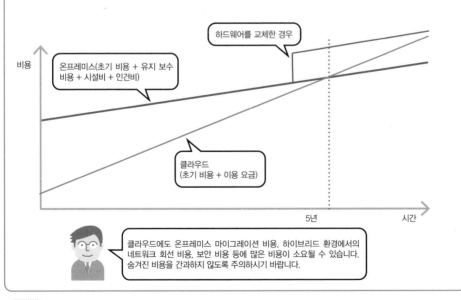

비용

온프레미스(초기 비용 + 유지 보수 비용 + 시설비 + 인건비)

하드웨어를 교체한 경우

클라우드
(초기 비용 + 이용 요금)

5년

시간

클라우드에도 온프레미스 마이그레이션 비용, 하이브리드 환경에서의 네트워크 회선 비용, 보안 비용 등에 많은 비용이 소요될 수 있습니다. 숨겨진 비용을 간과하지 않도록 주의하시기 바랍니다.

관련
용어   가상 서버 ▶▶ p.46   클라우드로 이행할 때의 과제 ▶▶ p.102   데이터 센터 ▶▶ p.92

11 클라우드, 온프레미스의 도입과 확장성 비교

온프레미스 시스템의 도입과 확장성

기업 사용자가 온프레미스 시스템을 도입하는 경우에는 **자사 시스템의 개별 요구 사항에 따라 설계합니다.** 시스템의 조달 및 구축 시, 데이터 센터는 A사에, 회선은 B사에, 네트워크 장비는 C사에 의뢰하는 등 각각의 벤더로부터 개별적으로 조달하고 구축할 수 있습니다(실제로는 SI(시스템 통합)가 모두 조달하고 구축하는 경우가 많습니다).

시스템의 기획부터 개발, 운영 효과의 측정, 기능 확장, 재구축까지 **상시 이용 가치의 극대화 및 시스템의 최적화를 꾀합니다.** 이 모두를 자사에서 실시하기 때문에 시스템의 도입과 확장에는 고도의 기술력을 갖춘 인재와 큰 비용이 필요합니다.

또한, 도입 후의 하드웨어 및 소프트웨어 자산의 관리, 모니터링 및 데이터 백업 시스템의 운영, 서버실의 보안 관리 및 시스템의 보안 대응도 필요합니다.

클라우드의 도입과 확장성

기업 사용자가 클라우드 서비스에 기반한 시스템을 도입할 경우, 클라우드 사업자가 제공하는 서비스를 이용하므로 **서비스에 관련된 조달에서 구축까지 클라우드 사업자가 원스톱으로 제공합니다.** 서비스의 유지 보수 또한, 클라우드 사업자가 24시간 365일 대응합니다.

기업 사용자는 사업의 확대와 이용 용도에 맞추어 가상 서버와 같은 리소스들을 확장하거나 축소할 수 있습니다. 또한, 클라우드 사업자에게 구축 및 운영을 위탁하므로, 시스템을 보유하는 리스크로부터 해방됩니다. 따라서 지금까지 운영에 할당했던 인재들을 보다 비즈니스에 가까운 업무로 배치할 수 있습니다.

막대한 IT 투자가 어려운 중소기업의 경우에도, 클라우드를 이용하여 대기업에 필적하는 규모의 서비스를 이용할 수 있습니다.

● 클라우드, 온프레미스의 도입과 확장성 비교

온프레미스 시스템의 경우

온프레미스 시스템은 무엇이든 자유롭게 결정할 수 있는 반면, 유지보수를 포함한 모든 사항을 점검해야만 합니다. 시스템의 생명 주기도 고려해야만 합니다.

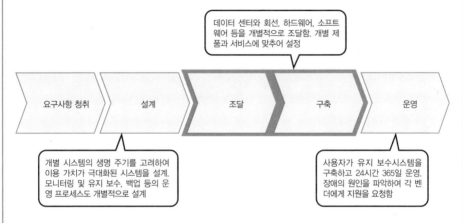

데이터 센터와 회선, 하드웨어, 소프트웨어 등을 개별적으로 조달함. 개별 제품과 서비스에 맞추어 설정

요구사항 청취 〉 설계 〉 조달 〉 구축 〉 운영

개별 시스템의 생명 주기를 고려하여 이용 가치가 극대화된 시스템을 설계. 모니터링 및 유지 보수, 백업 등의 운영 프로세스도 개별적으로 설계

사용자가 유지 보수시스템을 구축하고 24시간 365일 운영. 장애의 원인을 파악하여 각 벤더에게 지원을 요청함

클라우드의 경우

클라우드는 제공되는 서비스와의 결합이 전제되어야 하지만, 조달 및 구축이 쉽고 유지보수를 걱정할 필요도 없습니다. 운영 후의 시스템 확장 및 축소도 쉽게 할 수 있습니다.

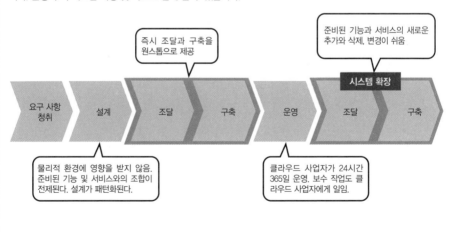

즉시 조달과 구축을 원스톱으로 제공

준비된 기능과 서비스의 새로운 추가와 삭제, 변경이 쉬움

시스템 확장

요구 사항 청취 〉 설계 〉 조달 〉 구축 〉 운영 〉 조달 〉 구축

물리적 환경에 영향을 받지 않음. 준비된 기능 및 서비스와의 조합이 전제된다. 설계가 패턴화된다.

클라우드 사업자가 24시간 365일 운영. 보수 작업도 클라우드 사업자에게 일임.

관련
용어   관련 시스템 인티그레이터 ▶▶▶ p.112   중소기업에서의 활용 ▶▶▶ p.38

12 클라우드의 안전성과 신뢰성

클라우드에는 많은 장점이 있지만, 사용하는 서비스의 내용을 잘 이해한 후에 안전성과 신뢰성을 고려해야만 합니다.

클라우드의 리스크

예를 들어 IaaS의 리스크로는 클라우드 사업자의 하드웨어 장애로 인한 데이터 손실이나 서비스 중단 등을 들 수 있습니다. 또한, 네트워크 리스크로 통신도청, 중간자 공격(통신 경로 사이에서 공격), 스푸핑같은 통신 위협과 네트워크 관리 미비에 따른 시스템 다운 위협 등을 꼽을 수 있습니다.

이용자인 기업 사용자가 세울 수 있는 대책으로는, IaaS의 장애에 대비하여 가상 서버를 백업하거나, 쉽게 가상 서버 환경을 구축하기 위한 템플릿을 마련하는 것을 들 수 있습니다.

클라우드 보안 거버넌스

클라우드를 이용함으로 인해, 기업 사용자는 자사가 보유한 정보의 관리와 처리를 클라우드 사업자에게 맡겨 버리게 됩니다. 따라서 보안 등의 리스크를 모두 통제할 수 없다는 문제가 발생할 수 있습니다.

클라우드 보안 거버넌스(Governance, 기업의 경영진이 클라우드를 이용할 때의 위험을 주체적이고 적절하게 관리하기 위한 구조를 구축하고 운용하는 것)의 관점에서 바라보면, 클라우드 서비스의 인시던트(Incident, 사고로 이어질 수 있는 사건)와 서비스의 복구와 같은 사항들은 제어가 어렵습니다. 또한, 클라우드 사업자의 갑작스런 파산이나 서비스 중단과 같은 클라우드 서비스의 연속성 리스크 또한 존재합니다.

기업 사용자는 클라우드 사업자 및 이용자 측에 잠재된 보안 위험 요소를 확인해 두는 것이 중요합니다. 그리고 클라우드를 이용할 때, 클라우드 사업자와 이용자 사이의 책임 분계선 등 이용자가 관리할 수 있는 범위를 파악한 후, 보안 대책과 백업을 마련할 필요가 있을 것입니다.

하나 더   2018년 5월 EU에서 GDPR(General Data Protection Regulation: 일반 데이터 보호 규칙)이 시행되었고, 많은 수의 클라우드 사업자들은 GDPR의 요구사항을 만족하는 서비스를 제공하고 있습니다.

● 클라우드의 리스크

클라우드 서비스는 클라우드 사업자의 데이터 센터에 설치된 대량의 물리 서버, 물리 스토리지 물리 네트워크 위에 구축되어 있습니다. 그 장비들의 고장 리스크가 있으며, 재해나 운영자의 조작 실수 같은 리스크도 있습니다.

클라우드 사업자에 의한 운영관리

물리 스토리지   물리 서버   물리 네트워크

클라우드와 사용자 거점을 연결하는 네트워크가 다운되는 리스크, 악의적인 공격자가 통신을 도청하는 리스크, 중간자 공격, 스푸핑 같은 공격을 받는 리스크도 있습니다.

폐쇄망/인터넷

내부에 범인이 있을 수도 있다.

악의적인 공격자

기업 사용자는 가상 서버 및 스토리지를 백업하거나 안전한 통신망을 이용하고, 엄격하게 접속을 제어하여 위험에 대비해야 합니다.

● 클라우드의 보안 거버넌스

기업 사용자는 클라우드 사업자 측의 장애, 서비스의 복구, 서비스의 종료 등을 컨트롤 할 수 없습니다. 이에 입각한 대책을 세우고 있어야 합니다.

장애   서비스 종료

관련 용어 책임 분계선 ▶▶▶ p.36   제 3자 인증 ▶▶▶ p.110   백업 ▶▶▶ p.48

13 클라우드 서비스의 책임 분계선

클라우드 서비스의 계약 및 이용에 앞서, 클라우드 사업자와 이용자 간의 책임 분담을 명확히 확인해 두는 것이 중요합니다. 예를 들어, 대다수의 클라우드 서비스 계약에 '당사의 시설에 연결하는 인터넷 접속 서비스의 결함과 같은 이용자의 접속 환경 장애에 대해 당사는 책임을 지지 않는다'고 규정되어 있습니다.

이처럼 클라우드 사업자는 사용자 기업이 제공한 인터넷 환경과 응용 프로그램이나 데이터베이스 같은, 사용자 측의 환경에 의해 발생한 손해는 부담하지 않는다고 규정하고 있습니다. 클라우드 사업자가 어디까지 책임을 지고, 사용자는 어디까지 책임을 져야 하는지 사전에 서비스 사양을 사용자 스스로 충분히 확인해 두어야 합니다. 그리고 사용자의 책임 범위 안의 사항들은 사용자 자신이 판단하여 조치해야 합니다.

예를 들어 클라우드 사업자가 IaaS까지 제공하는 경우라면 하드웨어와 CPU, 스토리지, 클라우드 기반 소프트웨어 등의 컴퓨팅 자원까지가 클라우드 사업자의 책임입니다. SaaS까지 제공하는 경우에는 미들웨어에서 애플리케이션까지의 부분도 클라우드 사업자의 책임 범위가 됩니다. 이처럼 클라우드 서비스 이용 모델에 따라 책임 분계선이 달라집니다. PaaS와 IaaS를 함께 이용할 경우는 더 복잡해집니다.

보안 사고에 대한 대응을 생각해 둘 것

특히, 보안 사고에 대한 대응은 잘 생각해 두어야 합니다. IaaS를 사용하는 경우, 사용자 측에서 준비한 미들웨어 및 애플리케이션의 보안과 애플리케이션 가용성 확보, 데이터 보호 등은 사용자의 책임이 됩니다. 사고가 발생한 경우에 클라우드 사업자가 어떻게 정보를 제공하는지, 지원 체제는 어떻게 되어 있는지 등을 보안 사고에 대비하여 확인하고, 책임 범위를 확인해서 체계화시킵니다. 아울러 클라우드 사업자와의 원활한 커뮤니케이션 체계를 마련해야 합니다.

하나 더 Amazon Web Services는 사용자의 책임과 서비스 레이어의 책임을 명확히 나누는 '공동 책임 모델'을 규정하고 있으며, 해당 정보 또한 공개하고 있습니다.

● 클라우드 사업자와 사용자의 책임 범위

클라우드 사업자의 책임 범위는 이용하는 서비스의 모델에 따라 다릅니다.

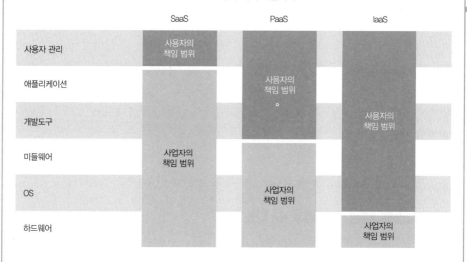

	SaaS	PaaS	IaaS
사용자 관리	사용자의 책임 범위		사용자의 책임 범위
애플리케이션	사업자의 책임 범위	사용자의 책임 범위	
개발도구			
미들웨어		사업자의 책임 범위	
OS			사업자의 책임 범위
하드웨어			

● 사용자의 책임 범위 안에서는 보안 사고에 대한 대응 체계를 마련할 것

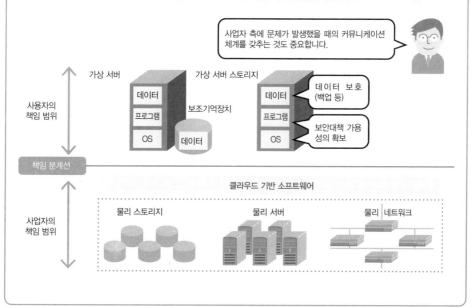

사업자 측에 문제가 발생했을 때의 커뮤니케이션 체계를 갖추는 것도 중요합니다.

가상 서버

가상 서버 스토리지

사용자의 책임 범위

데이터

프로그램

OS

보조기억장치

데이터

데이터

프로그램

OS

데이터 보호 (백업 등)

보안대책 가용성의 확보

책임 분계선

클라우드 기반 소프트웨어

사업자의 책임 범위

물리 스토리지

물리 서버

물리 네트워크

관련 용어	IaaS ▶▶▶ p.24	IaaS 기반 소프트트웨어 ▶▶▶ p.78	PaaS ▶▶▶ p.22
	PaaS 기반 소프트트웨어 ▶▶▶ p.80	SaaS ▶▶▶ p.20	클라우드 서비스 장애시의 대응 ▶▶▶ p.42

14 중소기업의 클라우드 도입

중소기업은 대기업과 비교했을 때, IT 활용이 덜 진척된 것으로 알려져 있습니다. IT 도입을 가로막는 주된 요인으로 IT에 투자할 비용이 충분하지 않은 점, IT에 정통한 인재가 부족한 점 등을 들 수 있습니다. IT를 활용하려고 해도, IT 전문가를 배치하지 못하거나 직원의 IT 활용 능력이 부족하여 시스템을 활용할 수 없는 문제에 부딪히는 경우가 많은 실정입니다.

중소기업이 클라우드를 도입할 경우, 실제로 어떠한 장점이 있을까요? 예상되는 장점들을 '정보 시스템 담당자'와 '경영진', 두 개의 입장에서 정리해 보겠습니다.

정보 시스템 담당자가 얻을 수 있는 장점

클라우드를 이용하여 정보 시스템을 구축할 경우, 구축 비용이 거의 필요가 없으며 도입 비용을 큰 폭으로 절약할 수 있습니다. 지금까지 정보 시스템을 자사에 도입하기 위해서는 도입에 많은 시간 투자와 비용 투자가 필요했습니다. 반면에 클라우드를 이용하면, 고기능 서비스를 마치 자사에서 준비한 것처럼 사용할 수 있습니다. 도입에 걸리는 시간이 단축되고, 유지 보수에 투입되는 자원을 줄일 수 있습니다. 설비를 보유하지 않기 때문에 시장 환경의 변화에 따라 유연하게 시스템을 변화시킬 수 있습니다.

경영진이 얻을 수 있는 장점

비즈니스 환경이 끊임없이 변화하는 시대에 경영자의 판단력과 사업의 선택과 집중이 점점 더 중요해지고 있습니다. 그를 위해서는 IT에 투자하는 경영 자원을 최소화시키고, 시스템 운영 및 유지보수에 드는 자원을 줄이며, 핵심 역량(코어 컨비던스)에 경영 자원을 집중할 필요가 있습니다.

클라우드를 도입하여 비용 절감이 가능해지는 사례가 늘어나고 있습니다. 또한, 지금까지 대기업만 도입할 수 있었던 서비스를 이용할 수 있게 되어, 경영의 가시화 및 생산성 향상으로 용이하게 이어나갈 수 있게 되었습니다.

클라우드를 활용하면 기업 가치의 창출과 지속적인 성장에 대비할 수 있게 됩니다.

그림으로 알아보자!

● 중소기업의 IT 활용이 부진한 요인

중소기업은 비용 요인, 인적 요인 등으로 인해 대기업보다 IT 활용이 진척되지 않은 상황입니다. 이러한 IT 활용을 저해하는 요인에 대해 클라우드의 이용이 유효합니다.

IT에 투자 가능한 비용이 충분하지 않음

IT에 정통한 인재가 부족함

● 중소기업이 클라우드를 도입함으로써 얻을 수 있는 장점

중소기업의 클라우드를 도입함으로써 얻을 수 있는 장점으로는 크게 외적인 장점과 전략적인 장점, 비용적인 장점, 인적 장점 4가지를 꼽을 수 있습니다.

외적인 장점

업계를 초월한 기업간 시스템 연계 및 표준화에 대응. 시장 환경의 변화에 따른 유연한 시스템 변화

전략적인 장점

클라우드를 활용하여 자사의 강점에 경영 자원을 선택·집중할 수 있음 경영의 가시화 실현

비용적인 장점

시스템을 보유하지 않으므로 초기 비용을 줄일 수 있다. 또한, 운용도 클라우드 사업자에 맡길 수 있기 때문에 인건비도 줄일 수 있다.

인적 장점

정보 시스템의 구축·운영·관리에서 해방됨

관련
용어   클라우드의 도입 목적 ▶▶▶ p.98   스타트업의 클라우드 활용 ▶▶▶ p.170

15 대기업의 클라우드 도입

사업의 세계 시장 진출에 클라우드를 활용

인구 구성의 초고령화가 진행되면서 인구 감소 사회를 맞이하고 있습니다. 이로 인해, 시장의 미래 성장이 둔화될 것으로 예측되고 있습니다.

향후 세계 시장 진출을 가속화 해 나갈 때, 세계 각국의 사업소 현장의 움직임을 실시간에 가까운 형태로 집약할 수 있는 환경을 조성하고, 효율적인 업무 프로세스 구조의 수립이 경쟁 우위의 원천이 됩니다. 업무 프로세스를 개선하여 기업 지배 구조(코퍼레이트 거버넌스)의 강화 및 경영의 가시화를 꾀함은 물론, 신속한 사업 전개를 진행해 나가기 위한 효과적인 수단으로 클라우드 서비스의 도입을 들 수 있습니다.

기업이 해외에 진출할 때에는 기업 스스로가 해외 IT 인재 및 벤더를 개척해 나가야 하지만, IT를 담당하는 전문가를 배치하는 것조차 쉽지 않습니다. 따라서 조기에 시스템을 도입할 수 있고 도입 비용도 줄일 수 있으며, 시스템의 구축·운영에서 해방되는 환경을 마련하는 것이 중요합니다. 특히 생산 거점인 신흥국과 개발 도상국에서 IT 이용 환경이 취약한 경우를 많이 볼 수 있습니다. 그 나라에서의 사업에서 철수해야 하는 경우도 생각해 볼 수 있습니다. 그것을 고려하더라도, 리스크를 최소화한 시스템 구성이 필요합니다. 자사 본업의 부가가치와 관련되지 않는 시스템, 네트워크의 구축과 운영은 적극적으로 외부에 위탁(아웃소싱)합니다.

한편, 핵심 역량(코어 컨피던스)이 되는 뛰어난 기술과 서비스를 전개해 나가기 위해, 경영자원을 집중할 수 있는 체제를 정비하는 것이 사업 성공의 큰 발판이 될 것입니다.

세계 시장의 치열한 경쟁 환경 속에서, 경영을 가시화하고 본업에 자원을 집중시키도록 목표하는 것이 중요합니다. 그러한 수단 중의 하나로, 글로벌하게 전개할 수 있는 클라우드 환경의 도입을 추진해 나가는 전략이 기업의 IT 전략에서 중요한 역할을 차지하게 될 것입니다.

● **글로벌 시장으로의 사업 전개에 클라우드의 강점이 살아난다.**

글로벌 시장으로의 사업 전개에는 클라우드 서비스가 가지는 유연성과 빠른 구축 속도, 간편한 운영과 같은 장점
들이 크게 어필합니다.

> **업무 프로세스를 진화시킨다.**
>
> 클라우드를 활용하여 세계 각국 사업소의 정보를 실
> 시간에 가까운 형태로 통합하고 시각화할 수 있는 환
> 경을 정비한다. 글로벌하게 전개할 수있는 효율적인
> 업무 프로세스 구조를 구축한다.

> **신속한 시스템 도입 및 운영로부터의 해방**
>
> 클라우드를 활용하면 해외에 IT 담당자를 배치하지
> 않아도 되는 환경이 조성됨. 신속한 시스템의 운용
> 개시가 가능하게 되며, 사업 철수 시에도 투자가 낭
> 비되지 않음.

클라우드 사업자, 통신 사업자의
글로벌 네트워크를 이용

> **분산된 거점의 시스템을 정리하여 비용을 절감**
>
> 여러 곳에 분산된 해외 거점의 시스템을 정리/통
> 합하여 기업 전체의 총 비용을 절감할 수 있음

> 1장에서는 클라우드 서비스를 도입할 경우, 사업자의 규모
> 별 장점을 설명했습니다. 클라우드 서비스를 도입할 경우의
> 사업 분야별 장점은 6장에서 설명합니다.

관련
용어 클라우드의 도입 목적 ▶▶▶ p.98

클라우드란?

Chapter

1

클라우드 서비스에 장애나 문제가 발생했을 때의 대응

클라우드 서비스의 각 사업자들은 안정적인 서비스를 제공하고 있지만, 24시간 365일 100% 가동을 보장하지는 않습니다. 사용자 측에서도 서비스 장애나 결함 발생 시 신속하게 대응할 수 있는 체제를 갖추고 있어야 합니다.

클라우드 서비스에 장애가 발생하거나 고장이 발생했을 경우, 신청 시에 등록한 관리 담당자 앞으로 장애 발생 알림 및 복구 보고 이메일이 전달됩니다. 또한, 각 클라우드 사업자들은 포털 사이트를 통해 오류 복구 상황 등에 관한 진행 정보를 수시로 공개하고 있습니다.

오류 및 시스템 장애 발생시, 사용자 기업이 클라우드 사업자에게는 이메일 및 지원 포털을 통해 문의할 수 있습니다. 클라우드 사업자가 콜센터로 전화 지원을 하는 경우도 있습니다. 24시간 365일 상시 전화지원의 경우, 유료인 경우가 많습니다.

클라우드 서비스를 계약할 때에는 장애나 결함이 발생했을 때 대응이 이메일로만 가능한지, 전화 문의도 가능한지, 평일 또는 24시간 365일 가능한지를 확인하는 것이 중요합니다. 중요한 시스템을 클라우드 서비스로 이용하는 경우에는 24시간 365일 전화로 지원받을 수 있도록 조치하는 것이 좋습니다.

또한, 기업 사용자가 클라우드로 서비스를 제공하는 경우, 클라우드 서비스 장애나 재해, 사이버 공격 등으로 클라우드에 저장된 데이터가 손실되어 서비스 이용자가 손해를 입을 수 있습니다. 이러한 경우의 복구 비용이나 데이터 손실로 인해 발생한 이익 손실, 손해 배상 등의 비용을 보장하는 보험 상품도 있으므로 중요한 데이터 처리 및 서비스를 제공하는 경우에는 사전에 보험 상품 가입을 검토하는 것이 좋을 것입니다.

클라우드 서비스와
그 이용법

이 장에서는 IaaS와 PaaS로 제공되는 클라우드
서비스를 설명합니다.
각 서비스의 특징/사용법/클라우드 서비스를
이용한 시스템 구축의 개념을 소개합니다.

01 클라우드로 제공하는 다양한 서비스

2장에서는 주로 IaaS/PaaS로 제공되는 클라우드 서비스에 대하여 설명합니다. 클라우드 서비스로는 가상 서버, 스토리지, 네트워크, 데이터베이스 같은 다양한 기능을 이용할 수 있습니다. 사업자별로 다소 차이가 있지만, 이러한 서비스들은 대부분의 클라우드 사업자들이 제공하고 있습니다. 이 장에서는 클라우드 서비스들의 기본적인 기능에 관하여 설명합니다.

가장 기본적인 클라우드 서비스로는 가상 서버가 있습니다. 가상 서버는 물리적 서버의 CPU와 메모리, 스토리지 같은 하드웨어 자원을 소프트웨어로 논리적으로 나누어 사용하는 것입니다. 생성된 가상 서버는 실제 서버와 마찬가지로, OS 및 애플리케이션을 동작시킬 수 있습니다. 가상 서버에 할당되는 가상 CPU의 성능과 메모리 용량을 사용 용도와 시스템의 규모에 맞게 선택할 수 있습니다.

클라우드 서비스로 제공되는 로드 밸런서의 기능을 활용하면, 가상 서버를 이중화하거나 부하를 분산할 수 있습니다. 또한 순간적으로 접속량이 증가할 때, 통신량에 따라 가상 서버의 갯수를 자동으로 늘이거나 줄일 수(오토 스케일) 있습니다.

스토리지 서비스는 가상 서버와 함께 자주 이용하는 서비스입니다. 데이터, 콘텐츠 아카이브(보관), 백업(보호), 파일 서버의 사용, 시스템의 재해 대책(Disaster Recovery) 등 다양한 용도로 사용됩니다.

클라우드 서비스에 접속할 때에는 인터넷을 이용할 수 있습니다. 또한, 높은 수준의 보안이 요구되는 경우에는 VPN 망이나 전용선 등 높은 보안 수준의 네트워크 서비스를 이용할 수 있습니다.

데이터베이스 서비스는 기업의 기간계 시스템에 적합한 것, 최근 화제가 되는 빅 데이터의 분석에 적합한 것, IoT(Internet of Things)에 적합한 것에 이르기까지 이용 목적에 따라 다양한 데이터베이스를 활용할 수 있습니다.

이상이 기본적인 서비스와 기능인데, 이 서비스들을 선택하여 조합하면 소규모 시스템부터 대규모 시스템까지 구성할 수 있습니다. 다음 절부터는 클라우드로 제공되는 기본 서비스와 기능을 소개하겠습니다.

그림으로 알아보자!

● **클라우드(IaaS/PaaS)로 제공되는 대표적인 서비스**

클라우드 서비스 사용자는 클라우드 사업자가 제공하는 포털 사이트에 접속하여 셀프서비스로 다양한 기능들을 사용할 수 있습니다.

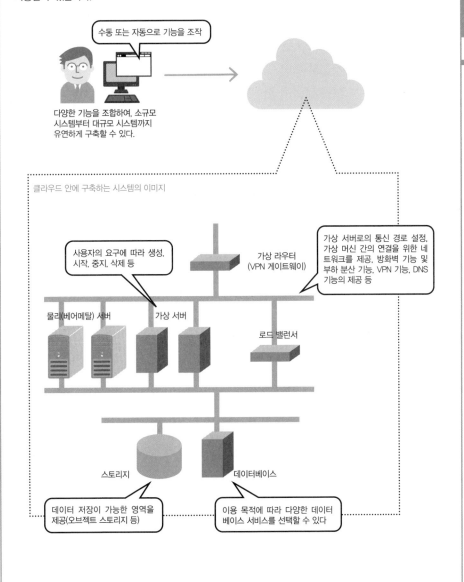

수동 또는 자동으로 기능을 조작

다양한 기능을 조합하여, 소규모 시스템부터 대규모 시스템까지 유연하게 구축할 수 있다.

클라우드 안에 구축하는 시스템의 이미지

사용자의 요구에 따라 생성, 시작, 중지, 삭제 등

가상 라우터 (VPN 게이트웨이)

가상 서버로의 통신 경로 설정, 가상 머신 간의 연결을 위한 네트워크를 제공, 방화벽 기능 및 부하 분산 기능, VPN 기능, DNS 기능의 제공 등

물리(베어메탈) 서버   가상 서버

로드 밸런서

스토리지   데이터베이스

데이터 저장이 가능한 영역을 제공(오브젝트 스토리지 등)

이용 목적에 따라 다양한 데이터 베이스 서비스를 선택할 수 있다

02 가상 서버

클라우드 서비스를 구성하는 가장 기본적인 요소는 '가상 서버'입니다. 개별 서버(물리 서버)가 보유한 CPU나 메모리 등을 논리적인 하드웨어 리소스로 간주합니다. 그리고 한 대의 물리 서버가 보유한 리소스를 여러 개의 가상 서버가 나누어 사용하거나, 다수의 물리 서버가 보유한 리소스를 한 대의 가상 서버가 통합해서 사용합니다.

각각의 가상 서버는 물리 서버와 마찬가지로 개별 OS나 애플리케이션을 동작시킬 수 있습니다.

단, 가상 서버는 하드웨어를 에뮬레이션하기 때문에 가상화하지 않은 서버에 비해 성능이 떨어지기 마련입니다. 그래서 높은 성능이 필요한 경우, 실제 서버(베어메탈 서버)를 클라우드 서비스로 제공하는 클라우드 사업자도 있습니다.

가상 서버의 이용

가상 서버는 셀프 서비스식 포털 화면을 통해 기동/중지/재기동/삭제 등을 몇 분 안에 쉽게 처리할 수 있습니다. 또한, 상황에 따라 리소스를 유연하게 변경할 수 있습니다.

가상 서버의 서비스 플랜은 '가상 CPU가 2CPU, 메모리 용량이 4GB' 처럼 가상 CPU의 성능 및 메모리 용량에 따라 가격이 정해져 있습니다.

가상 서버의 이용 요금은 시간제 과금이 일반적입니다. 일본의 경우, 가상 서버 시작 시에 1시간당 20엔, 정지 시에는 10엔과 같은 가격 체계가 적용됩니다. 시간 과금과는 별도로 '2CPU에 메모리 용량이 4GB인 경우, 매월 요금 5,000엔'처럼 월 정액제로 서비스를 제공하는 경우도 있습니다. 그 외에도, 가상 서버에 업로드/다운로드하는 데이터 전송량에 따라 과금하는 사업자와 데이터 전송량을 무료로 제공하는 사업자가 있습니다.

가상 서버에는, 시동 디스크로 루트 디스크가 할당됩니다. 필요에 따라 추가로 연결할 디스크를 선택합니다.

OS를 포함한 가상 서버의 소프트웨어 이미지 템플릿으로 사용할 수 있고, 그것을 사용할 수 있습니다. 무료 OS로는 CentOS나 Ubuntu 등이 있으며, 유료 OS로는 Microsoft Windows Server 등을 선택할 수 있습니다.

● 가상 서버를 이용하는 흐름

가상 서버는 셀프 서비스식 포털 화면에서 쉽게 생성할 수 있습니다. 다음은 가상 서버 생성 단계의 예입니다.

1 가상 서버를 생성할 리전 선택

리전이란 서비스를 제공하는 지역입니다. 자사에서 가장 가까운 지역을 선택하는 것이 일반적입니다. 자사에서 먼 지역을 선택하면 네트워크 지연이 문제가 될 수 있습니다.

2 가상 서버에 접속하기 위한 액세스 키 생성

가상 서버에 접속하는 사용자를 인증하기 위한 액세스 키(파일)를 준비합니다.

3 가상 서버에 연결을 허용하는 통신 유형 설정

서버에 들어오는 통신과 서버에서 나가는 통신을 허용하는 통신 유형을 설정합니다. 이것은 방화벽 설정에 해당합니다.

4 이용하는 OS와 루트 디스크를 선택

Linux 및 Windows 등 OS의 종류와 OS가 실행될 루트 디스크의 종류(HDD 또는 SSD 등)를 선택합니다.

5 사용할 가상 서버의 스펙을 선택

필요한 CPU와 메모리를 가진 가상 서버(AWS에서는 인스턴스라고 부름)를 선택합니다.

6 이용하는 가상 서버의 상세 설정

가상 서버를 기동시키는 리전(1개 지역 내의 개별 데이터 센터)과 네트워크 설정 같은 다양한 설정을 할 수 있습니다.

7 추가 디스크 선택

가상 서버에 추가로 연결할 디스크(스토리지)를 선택합니다.

8 설정한 내용으로 가상 서버를 만들고 시작

가상 서버의 중지, 재시작, 삭제 등도 관리 화면을 통해 간편하게 할 수 있습니다.

관련
용어   서버 가상화 기술 ▶▶ p.68   존 ▶▶ p.48   리전 ▶▶ p.48

03 가상 서버에서 사용할 수 있는 옵션 기능

클라우드 사업자는 가상 서버 운영에 도움을 주는 다양한 옵션 서비스를 제공하고 있습니다. 이 절에서는 대표적인 기능을 설명합니다.

로드 밸런서, 오토 스케일, 정기적인 스냅샷

대다수의 클라우드 서비스에서 가상 서버 사용 시 '리전' 과 '존'을 선택할 수 있습니다. 리전(Region)이란, 예를 들어 서울 리전(서울), 동일본 리전(도쿄), 미국 리전 등의 지리적으로 떨어진 독립적인 지역을 뜻합니다. 존이란 같은 지역 내의 독립적인(빌딩 등 물리적으로 격리된) 로케이션을 뜻합니다.

예를 들어, A 지역에 메인 사이트, B 지역에 백업 사이트를 마련하여, 재해 대책(Disaster Recovery)과 비즈니스 연속성 계획(Business Continuity Plan)을 실현할 수 있습니다. 리전에는 서로 다른 로케이션의 존이 설치되어 있으므로, 복수개의 존을 선택(멀티 존)하여 시스템의 이중화 및 부하의 분산 처리가 가능합니다.

시스템의 이중화 및 부하 분산에는 로드 밸런서의 기능을 사용합니다. 로드 밸런서는 외부의 접속을 통신 데이터양(예를 들어, 평균 동시 TCP 세션 수가 일정한 임계값을 초과하는 경우) 등의 조건에 따라 가상 서버에 전달합니다. 이렇게 하면 통신의 부하를 분산하여 대량의 접속에도 대응할 수 있는 시스템을 손쉽게 구축할 수 있습니다.

오토 스케일이란 접속이 집중되는 때와 같이 외부의 통신 데이터양에 따른 부하(예를 들어, 서버의 CPU 및 메모리 사용량이 일정 임계치를 초과하는 경우)에 따라 자동으로 가상 서버의 대수를 증감시키는 기능입니다. 이에 따라, 접속량이 돌발적으로 대량으로 증가할 때 서버의 대수를 늘려서 대응합니다. 그리고 접속량이 줄어들면, 서버의 대수를 줄임으로써 불필요한 비용을 절약할 수 있습니다.

정기적인 스냅샷(백업 기능)은 수동 또는 이용자가 설정한 시간(매주, 매월)에, 가상 서버 디스크의 백업을 자동으로 생성하여 복제할 수 있게 해 줍니다.

● **로드 밸런서 기능으로 서버의 접속량을 나눈다.**

하나의 리전 안에 있는 두 개의 존에 서버를 설치하여 부하를 분산하는 예.
재해 복구(Disaster Recovery, DR)를 위해 서버를 지리적으로 떨어진
두 개의 존에 나누어 설치할 수도 있습니다.

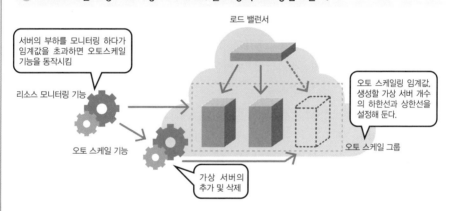

● **오토 스케일 기능으로 가상 서버의 대수를 자동적으로 증감시킨다.**

로드 밸런서

서버의 부하를 모니터링 하다가
임계값을 초과하면 오토스케일
기능을 동작시킴

리소스 모니터링 기능

오토 스케일 기능

가상 서버의
추가 및 삭제

오토 스케일링 임계값,
생성할 가상 서버 개수
의 하한선과 상한선을
설정해 둔다.

오토 스케일 그룹

● **스냅샷으로 가상 서버 디스크를 자동으로 백업한다.**

① 관리 화면에서 스냅샷을
수행할 시간을 설정

② 지정된 시간에 디스크
백업을 생성

가상 서버별로 백업할
수 있습니다.

관련
용어   BCP에서의 활용 ▸▸▸ p.172   웹 사이트에서의 활용 ▸▸▸ p.164

04 클라우드 스토리지 서비스

클라우드 스토리지는 데이터 아카이브(보관) 및 백업(보호), 파일 서버, 재해 대책 (Disaster Recovery) 등의 용도로 이용되는 대표적인 서비스입니다. 빅 데이터 분석 을 위한 데이터의 공유/저장 용도로 많이 사용되고 있습니다.

다양한 스토리지 서비스

대표적인 스토리지 서비스로는 Amazon Web Services(AWS)가 제공하는 S3(Amazon Simple Storage Service)가 있습니다. S3는 데이터를 파일 단위로 저장/검 색/삭제하는 저장소이며, '오브젝트 스토리지' 라고 부릅니다. 많은 클라우드 사업자가 S3에 버금가는 스토리지 서비스를 제공하고 있으며, 다수의 데이터 센터에 데이터를 분산 저장하여 데이터의 손실을 예방합니다. S3는 1년 동안 99.999999999%의 뛰어난 견고성과 내구성을 보장하므로 데이터의 영구적인 저장에 적합합니다. 저장이 가능한 용량은 무 제한이며, 저장과 검색이 자유롭습니다. 또한 사용한 용량만큼 요금이 부과됩니다. 클라우 드 사업자에 따라서는 데이터의 전송량과 요청 횟수에 따라 비용을 청구하기도 합니다.

또한 AWS는 S3보다 저렴한 Amazon S3 Glacier라는 클라우드 스토리지를 제공하고 있습니다. Amazon Glacier는 데이터의 읽기에 시간이 오래 걸리기 때문에, 빈번하게 읽 을 필요가 없는 장기 보존용 디지털 정보의 저장 및 자기 테이프의 대체품으로 이용됩니다.

S3 등의 오브젝트 스토리지 서비스는 데이터의 읽기 및 쓰기 속도가 빠른 편이 아닙 니다. 따라서 엄격한 응답 시간이 요구되는 데이터베이스 용도로 이용할 경우, 블록 단 위로 액세스 할 수 있는 블록 스토리지 서비스를 선택하는 경우도 있습니다. 대표적인 서비스로는, EBS(Amazon Elastic Block Store)가 있습니다.

또한, 기업의 파일 서버로 사용하는 경우, 파일 단위로 스토리지 액세스가 가능하며, 파일 공유 기능을 갖춘 파일 스토리지 서비스를 이용하는 등의 선택을 할 수 있습니다. 대표적인 서비스로는 EFS(Amazon Elastic File System)가 있습니다.

하나 더 | 법인기업에서도 Dropbox, OneDrive, Box 등의 온라인 스토리지 서비스를 많이 사용하고 있습니다.

클라우드 스토리지의 특징

클라우드 스토리지는 99.999999999%의 내구성과 99.99%의 가용성을 갖춘 서비스가 있고, 가용성이 낮지만 크게 비용을 절감할 수 있는 서비스가 있는 등 용도에 따라 여러 가지 종류가 준비되어 있습니다.

AWS의 S3로 대표되는 오브젝트 스토리지는 HTTP/HTTPS를 사용하여 데이터를 읽거나 쓸 수 있습니다. 정적 콘텐츠 제공 등의 용도로 웹 서버처럼 사용할 수 있으며, 백업 파일을 저장하는 네트워크 스토리지로도 사용할 수 있습니다.

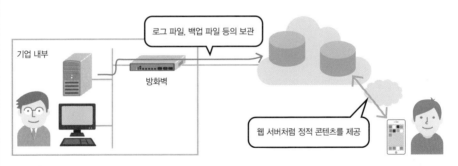

자주 액세스할 필요가 없는 데이터는 읽기에 시간이 걸리지만 매우 저렴한 스토리지 서비스로 이전하여 비용을 절약할 수 있습니다.

05 클라우드 네트워크 서비스

클라우드 위에 네트워크를 구축

　네트워크 기능을 가진 클라우드 서비스의 예로는 Amazon VPC(Virtual Private Cloud)가 있습니다. Amazon VPC는 가상 프라이빗 클라우드라는 이름 그대로 AWS 위에 가상 네트워크를 만들어, 개인 클라우드처럼 사용할 수 있는 서비스입니다. VPC 안에는 임의의 사설 IP 주소 범위를 설정하고, 서브넷에 가상 서버와 같은 리소스를 배치할 수 있습니다. 하지만 클라우드 서비스는 인터넷으로 접속해야 하는데, 회사 내부용 서비스를 인터넷을 통해 이용한다는 점에서 보안상의 문제가 있습니다. Amazon VPC는 프라이빗 IP 주소가 할당된 네트워크에 가상 VPN 게이트웨이를 제공합니다. 사내 네트워크에 있는 VPN 게이트웨이와 Ipsec 암호화 통신을 할 수 있으므로 거점과 거점을 인터넷 VPN으로 연결할 수 있습니다. 이를 통해 클라우드 서비스를 안전하게 이용할 수 있습니다.

　인터넷 VPN 외에도 NTT 커뮤니케이션즈 등의 통신 사업자가 제공하는 VPN 망에 접속할 수 있는 서비스도 있습니다. 통신 사업자의 VPN 망에 직접 연결하므로 인터넷을 거치지 않아도 됩니다. 따라서 더욱 안전하고 안정적인 네트워크 환경을 이용할 수 있습니다.

　보안 기능으로는 필터링을 통해 불필요한 통신을 차단하는 기능을 제공합니다. Amazon VPC의 경우, 송수신 정책을 설정하는 '보안 그룹'이라는 기능을 설정하면 가상 서버에 대한 접속 제어(통신 필터)가 가능해집니다. 같은 보안 그룹에 있는 가상 서버에는 같은 접속 제어가 적용되므로 그룹 단위로 정리하고 관리할 수 있습니다.

　그 외에도 AWS의 Amazon Route 53으로 대표되는 DNS 서비스가 있습니다. 이 서비스는 자체 도메인 네임으로 웹이나 메일을 이용할 때 필요한 공개용 DNS 서버(기본 보조)를 운영하고 관리합니다. 존 정보와 레코드 정보를 설정할 수 있으므로 로드 밸런서 같은 서비스와 연계시켜 가용성이 높은 시스템을 구축할 수 있습니다.

● **클라우드 서비스에서 사용할 수있는 대표적인 네트워크 기능**

클라우드 서비스 위에 자사 전용 네트워크 환경을 구축할 수 있습니다. 이러한 환경 설정 작업 또한, 포털 화면에서 셀프서비스로 할 수 있습니다.

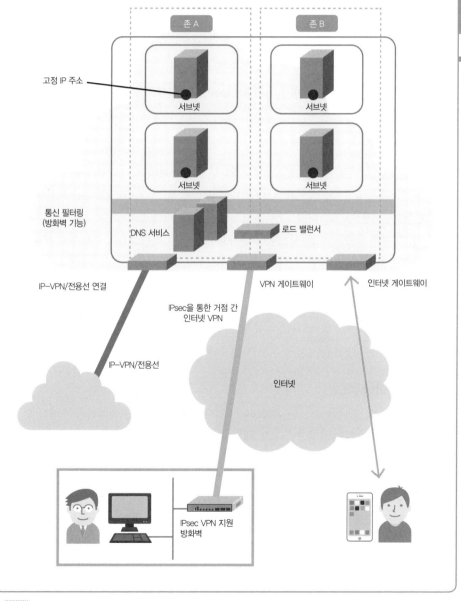

관련
용어
Amazon Web Services ▶▶ p.126   VPN ▶▶ p.80   전용선 연결 ▶▶ p.118
프라이빗 클라우드 ▶▶ p.26   로드 밸런서 ▶▶ p.48

06 클라우드 데이터베이스 서비스

각 클라우드 사업자는 사용자의 사용 목적에 부합하는 다양한 데이터베이스 서비스를 제공하고 있습니다. OS나 미들웨어는 클라우드 사업자가 관리하므로 사용자는 빠르게 데이터베이스를 사용할 수 있습니다. 이 절에서는 Amazon Web Services(AWS)가 제공하는 데이터베이스 서비스를 예로 들어 클라우드 데이터베이스 서비스를 정리합니다.

RDBMS

AWS의 'Amazon RDS'는 일반적인 RDBMS(Relational Database Management System : 관계형 데이터베이스 관리 시스템)입니다. 데이터베이스 엔진으로는 MySQL, PostgreSQL 같은 무료 엔진과 Oracle Database, Microsoft SQL Server 같은 유료 엔진을 선택할 수 있습니다. Oracle Database와 Microsoft SQL Server 같은 유료 제품의 경우, 온프레미스 시스템에서 사용하고 있던 라이센스를 클라우드 서비스로 반입할 수 있습니다. 이처럼, 라이선스를 클라우드 서비스에 반입하는 것을 BYOL(Bring Your Own License)이라고 부릅니다.

AWS가 독자적으로 개발한 RDBMS인 'Amazon Aurora'도 제공하고 있습니다. Aurora는 클라우드 서비스에 최적화된 데이터베이스 엔진이며 MySQL, PostgreSQL과 호환되면서도 높은 성능과 가용성 등을 제공합니다.

데이터 웨어하우스

AWS의 'Amazon Redshift'는 페타바이트(1000테라 바이트)급 데이터를 처리할 수 있는 데이터 웨어하우스 서비스입니다. 대용량 데이터 처리를 할 때에도 일반 데이터 웨어하우스 제품보다 저렴하고 간편하게 사용할 수 있습니다.

NoSQL

AWS의 'Amazon DynamoDB'는 AWS가 독자 개발한 NoSQL 데이터베이스 서비스입니다. 빠르고 확장성이 우수하며, 낮은 레이턴시가 필요한 애플리케이션의 데이터베이스로 적합합니다.

● 클라우드 데이터베이스 서비스

각 클라우드 사업자는 사용자의 이용 목적에 부합하는 다양한 데이터베이스 서비스를 제공하고 있습니다. 다음은 Amazon Web Services(AWS)의 경우입니다. 환경 구축, 패치 적용, 백업 작성 같은 처리들을 Amazon이 실시합니다.

Amazon RDS

- RDBMS(관계형 데이터베이스 서비스).
- MySQL, PostgreSQL, Oracle Database, Microsoft SQL Server, Aurora, MariaDB. 6종류의 데이터베이스 엔진을 지원한다.

Amazon DynamoDB

- NoSQL 서비스.
- 관계형 기능이 없지만, 빠르고 가용성이 높다.
- 데이터베이스 용량을 자동으로 확장시킬 수 있다.

Amazon ElastiCache

- 인 메모리 캐시 서비스.
- 데이터베이스에 전송한 쿼리의 결과를 캐시하는 용도로 사용하여, 웹 시스템의 고속화를 실현할 수 있다.
- 캐시 엔진으로는 Memcached, Redis를 지원하고 있다.

Amazon Redshift

- 데이터웨어 하우스 서비스.
- 분석용 데이터 처리에 특화.
- 페타바이트급의 데이터를 처리할 수 있음.
- 빠른 속도와 빈틈없는 관리.

신뢰성과 확장성이 뛰어난 데이터베이스 환경을 스스로 구축하려면 높은 기술력이 필요하지만, 클라우드 사업자에게 모두 일임할 수 있습니다.

● (참고) 데이터 웨어하우스란?

데이터 웨어하우스는 다음과 같은 특징을 가지는 데이터의 집합체이다.

- 주제별로 구성되어 있다.
- 논리적으로 통합되어 있다.
- 삭제나 업데이트를 하지 않는다.
- 시계열을 가진다.

일반적인 데이터베이스는 특정 목적의 참조 시점에서의 상황을 파악할 수 있으면 충분하므로 과거의 데이터를 그렇게 오랜 시간동안 유지하지 않는다. 데이터 웨어하우스는 축적된 과거 데이터를 통해 현재의 판단을 할 목적으로 사용하기 때문에, 데이터를 삭제하거나 갱신하지 않는다. 따라서, 데이터가 시간에 비례하여 증가한다.

관련 용어   Amazon Web Services ▶▶▶ p.130   NoSQL ▶▶▶ p.74

07 기간계 시스템을 위한 클라우드 서비스

각 클라우드 사업자는 가상 서버와 같은 IaaS 서비스 외에도 다양한 서비스를 제공하고 있습니다.

이 절에서는 기간계 시스템을 클라우드로 이전하기 위한 서비스를 소개합니다.

'리프트 앤 시프트'를 지원하는 서비스

기업이 현재 운영하고 있는 기존의 온프레미스 시스템을 클라우드 서비스로 이전하고자 할 때, 애플리케이션 단위의 이전 작업은 비교적 간단합니다. 하지만, 사내 시스템 전체를 이전하려는 경우에는 시스템 구성이 크게 바뀌어야 한다는 점이 문제가 됩니다.

대부분의 기업들은 온프레미스 시스템으로 VMware 기반의 시스템을 채용하고 있는데, 클라우드 사업자가 제공하는 VMware 지원 서비스를 활용하면 시스템의 아키텍처 변경을 최대한 피하면서 클라우드로 이전할 수 있습니다.

예를 들어 AWS에서는 VMware Cloud on AWS를, IBM에서는 VMware on IBM Cloud를 제공하는 등 많은 클라우드 사업자가 VMware와 호환되는 서비스를 제공하고 있습니다.

이처럼 기존의 온프레미스 시스템과의 호환성과 계승성을 우선시하기 위해 기존 시스템을 변경하지 않고 그대로 들어서 클라우드로 옮기고(Lift), 수시로 클라우드에 최적화(Shift) 해 나가는 전략을 '리프트 앤 시프트 전략'이라고 합니다.

기존의 복잡한 온프레미스 시스템 환경을 클라우드로 리프트 앤 시프트하는 전략을 채택해 이전하는 기업 사용자의 사례가 늘고 있습니다.

클라우드 ERP

기간계 시스템을 위한 또 다른 서비스가 있습니다. 특히 전사적 자원 관리(ERP) 패키지의 기능을 클라우드 환경에서 이용하는 클라우드 ERP가 보급되고 있습니다.

자사에 구축하는 사내 ERP에 비해 과도한 커스터마이징을 할 수 없으므로 개발과 운영의 효율성을 높일 수 있고, 비용도 절감할 수 있다는 장점이 높게 평가받고 있습니다.

● **사내의 기간계 시스템을 클라우드로 이전하기 위한 4가지 접근 방법**

기업이 기존의 온프레미스 시스템을 클라우드로 이전하는 경우, 아래와 같은 4가지 접근 방법을 고를 수 있습니다. 특히 기간계 시스템과 관련하여, Vmware 기반의 시스템을 보유한 기업 사용자의 경우 VMware를 지원하는 서비스를 이용하여 마이그레이션하는 '리프트 앤 시프트' 전략을 채택하는 사례가 늘고 있습니다.

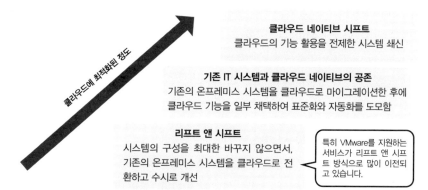

클라우드 네이티브 시프트
클라우드의 기능 활용을 전제한 시스템 쇄신

기존 IT 시스템과 클라우드 네이티브의 공존
기존의 온프레미스 시스템을 클라우드로 마이그레이션한 후에
클라우드 기능을 일부 채택하여 표준화와 자동화를 도모함

리프트 앤 시프트
시스템의 구성을 최대한 바꾸지 않으면서,
기존의 온프레미스 시스템을 클라우드로 전
환하고 수시로 개선

> 특히 VMware를 지원하는
> 서비스가 리프트 앤 시프
> 트 방식으로 많이 이전되
> 고 있습니다.

애플리케이션 단위의 시프트
시스템 전체에 영향을 적게 미치는
애플리케이션을 클라우드로 옮김

● **리프트 앤 시프트(Lift and Shift)**

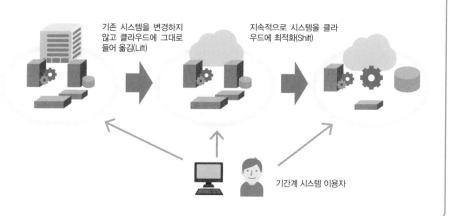

기존 시스템을 변경하지
않고 클라우드에 그대로
들어 옮김(Lift)

지속적으로 시스템을 클라
우드에 최적화(Shift)

기간계 시스템 이용자

관련
용어   ERP의 활용 ▶▶▶ p.174   클라우드 서비스를 지원하는 애플리케이션 ▶▶▶ p.108

08 클라우드의 데이터 분석 서비스와 IoT 서비스

각 클라우드 사업자는 애플리케이션 개발에 이용할 수 있는 PaaS 서비스를 지속해서 확충하고 있습니다. 사용자는 PaaS 서비스를 활용하면 인프라를 관리할 필요가 없어지므로 데이터의 활용에 더욱 집중할 수 있습니다.

클라우드의 대표적인 PaaS 서비스로는 빅 데이터의 활용에 도움이 되는 데이터 분석 서비스와 IoT 서비스가 있습니다. 참고로 빅 데이터는 6-10절에서, IoT는 6-11절에서 자세히 설명합니다.

클라우드의 데이터 분석 서비스

빅 데이터를 활용하려면 대량의 데이터를 '수집'하고 '저장'한 후에 새로운 지식을 창출하기 위해 '분석'하는 일련의 단계를 거쳐야 합니다. 클라우드 사업자는 각 단계를 지원하는 서비스를 제공하고 있습니다. 예를 들어, Google Cloud Platform은 테라바이트급/페타바이트급 데이터를 빠르게 분석할 수 있는 데이터 웨어하우스 서비스 BigQuery, 배치 데이터와 스트리밍 데이터를 실시간으로 취득/변환/분석/분류할 수 있는 Cloud Data flow, 분석용 데이터를 준비하기 위한 가공 클리닝 서비스 Cloud Dataprep 등의 다양한 서비스를 제공하므로 사용자는 사용 목적에 맞는 서비스를 골라서 사용할 수 있습니다.

클라우드의 IoT 서비스

클라우드 사업자는 인터넷에 연결된 IoT 디바이스가 '수집'한 데이터를 '저장'한 후 '분석'하고 '통제'하기 위한 서비스도 클라우드로 제공하고 있습니다. 사용자는 디바이스만 준비하면 되므로 IoT 애플리케이션을 효율적으로 개발할 수 있습니다.

예를 들어, AWS의 AWS IoT에서는 데이터를 AWS IoT SiteWise로 수집하고, Amazon Timestream라는 시계열 데이터베이스에 저장하여 AWS IoT Events로 디바이스의 이상 감지 등을 모니터링 할 수 있습니다. 이처럼 다양한 서비스를 결합하여 목적에 맞는 IoT 환경을 구축하고 운용할 수 있습니다.

하나 더 | IoT 관련 서비스로는 마이크로소프트의 'Azure IoT', Google의 'Google Cloud IoT', IBM의 'IBM Watson IoT', 사쿠라 인터넷의 '사쿠라 IoT Platform' 등이 있습니다.

● 클라우드의 데이터 분석 서비스

AWS나 Microsoft Azure, Google Cloud Platform(GCP) 등이 다양한 분석 서비스를 제공하고 있습니다. GCP의 경우 구글의 첨단 기술이 적용된 데이터 분석 서비스를 웹 브라우저로 쉽게 사용할 수 있습니다.

Google Cloud Platform의 주요 데이터 분석 서비스

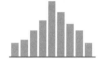

BigQuery	Cloud Dataflow	Cloud Dataproc	Cloud Datalab
• 데이터 웨어하우스 서비스 • 테라바이트급/페타바이트급 데이터를 저렴한 비용으로 고속 처리할 수 있음 • SQL로 집계와 분석이 가능	• 일괄 처리(Batch Processing) 데이터와 스트리밍 데이터의 취득/변환/분석/분류 등을 실시간 처리 가능	• Apache Spark와 Apache Hadoop 클러스터를 간편하게 이용할 수 있음	• GCP에서 Python 라이브러리로 대규모 데이터 세트를 분석하고 시각화할 수 있음 • Jupyter Notebook 기반

Cloud Dataprep
• PC의 마우스 조작으로 간단하게 분석용 데이터를 가공할 수 있음

● 클라우드 IoT 서비스를 이용한 개발

각 클라우드 사업자는 IoT 애플리케이션의 개발을 위한 다양한 서비스를 제공합니다. 사용자는 클라우드 사업자가 제공하는 서비스를 조합하여 애플리케이션 개발이나 데이터 관리에 필요한 시간을 크게 절약할 수 있습니다.

센서 + 마이크로 컨트롤러

디바이스의 연결/인증/메시지 교환

데이터의 수집/저장 | 이벤트 처리 | 데이터 처리 | 데이터 분석

사용자가 준비
• 사물 제어
• 클라우드 서비스가 제공하는 데이터 수집 모듈과 연결 (SDK를 이용)

클라우드 서비스가 제공

Chapter **2** 클라우드 서비스와 그 이용법

09 클라우드 AI/기계학습 서비스

지난 몇 년 사이에 다양한 산업 분야에 AI(인공 지능)가 도입되었습니다. 그 중에서 기계학습이라는 기술로 인해 지금까지 사람이 분석하고 처리했던 문장이나 음성/이미지/언어 등을 컴퓨터가 인식하여 분석/처리할 수 있게 되었습니다. AI/기계학습은 방대한 데이터와 빠른 연산이 필요하므로 클라우드 서비스의 활용이 당연시되고 있습니다.

'사용자 스스로 기계를 학습시키는 서비스' 와 '학습된 서비스'

클라우드 사업자는 크게 두 종류의 기계학습 서비스를 제공하고 있습니다. 하나는 '미리 준비한 기능(라이브러리)을 이용하여 사용자 스스로 기계를 학습시키는 것'이며 나머지 하나는 '클라우드 사업자가 미리 대량의 데이터로 학습을 시켜두고, 그 결과를 사용자에게 제공하는 것' 입니다.

전자의 클라우드 서비스로는 Amazon SageMaker, Azure Machine Learning, Google Cloud Machine LearningEngine, IBM Watson Machine Learning 등이 있습니다. 이런 서비스는 사용자가 독자적인 모델을 만들 수 있으므로 응용할 수 있는 분야가 넓지만, 데이터 분석이 가능한 인재를 확보해야 하는 등 난이도가 높습니다.

하지만, 후자의 클라우드 서비스는 사용자가 독자적인 모델을 만드는 대신에 학습된 모델을 사용하므로, 사용자가 비즈니스에 활용하는데 필요한 시간이 짧습니다. 클라우드 사업자가 음성 인식/화상 인식/자연어 처리/자동번역/동영상 인식과 분석 등을 API로 제공하기 때문에 사용자는 자사의 시스템 또는 서비스와 함께 사용할 수 있습니다. 따라서 학습된 모델의 제공 서비스가 가상 서버나 데이터베이스에 버금가는 규모로 보급되리라는 기대감이 커지고 있습니다.

이미 AWS나 Microsoft Azure, GCP, IBM Cloud 등이 학습된 기계학습 서비스를 제공하고 있습니다. 예를 들어 Azure는 Speech to Text(음성 인식), Computer Vision(이미지 인식) 등 수십 가지의 서비스를 아우르는 'Cognitive Services'를 제공하고 있습니다. 일본의 클라우드 사업자로는 후지쯔가 FUJITSU Cloud Service for OSS'에서 'Zinrai 플랫폼 서비스'를 제공하고 있습니다.

● 기계학습과 활용(이미지 인식의 경우)

모델 작성 준비된 학습 데이터로 기계를 학습시켜 데이터 판정에 사용할 모델을 생성합니다.

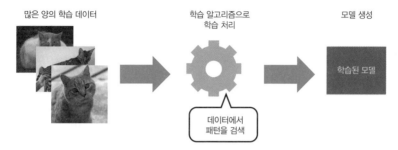

많은 양의 학습 데이터 　　　학습 알고리즘으로 학습 처리 　　　모델 생성

학습된 모델

데이터에서 패턴을 검색

학습된 모델의 이용 학습된 모델을 사용하여 미지의 데이터를 판정합니다.

많은 양의 학습 데이터 　　　학습된 모델로 판정 처리 　　　판정 결과

학습된 모델

고양이일 확률 95%

● AWS, Azure, GCP로 이용할 수 있는 클라우드 서비스

모델 생성

Amazon Web Services(AWS)	Microsoft Azure	Google Cloud Platform(GCP)
· SageMaker	· Machine Learning	· Cloud Machine Learning Engine

학습된 모델의 예

Amazon Web Services(AWS)	Microsoft Azure	Google Cloud Platform(GCP)
·Amazon Transcribe(음성을 텍스트로 변환) ·Amazon Translate(언어 번역) ·Amazon Lex(대화형 인터페이스) ·Amazon Polly(텍스트 음성 변환) ·Amazon Rekognition(이미지·동영상 분석) ·Amazon Comprehend(자연 언어 처리) 등	·Speech to Text(음성을 텍스트로 변환) ·Translator Text(언어 번역) ·Azure Bot Service(대화형 인터페이스) ·Text to Speech(텍스트 음성 변환) ·Computer Vision(영상 분석) ·Language Understanding(자연어 처리) 등	·Cloud Speech API(음성을 텍스트로 변환) ·Cloud Translation API(언어 번역) ·Cloud Jobs API(구인정보) ·Cloud Vision API(이미지 분석) ·Cloud Video Intelligence API(동영상 분석) ·Natural Language API(자연 언어 처리) 등

관련 용어 Amazon Web Services ▶▶▶ p.130　　FUJITSU Cloud Service for OSS ▶▶▶ p.146
Google Cloud Platform ▶▶▶ p.134　　GPU ▶▶▶ p.90　　Microsoft Azure ▶▶▶ p.132

10 클라우드를 이용한 시스템 구축

클라우드 서비스를 이용하면 시스템 구축에 대한 사고방식이 크게 바뀝니다. 클라우드 서비스에서는 시스템을 구성하는 하드웨어를 추상화하므로 기존에 필요했던 인적 작업의 부담이 크게 줄어듭니다.

시스템 구성이 클라우드 서비스에 의존한다

온프레미스 시스템의 경우에는 사용자의 요구사항에 따라 시스템을 설계한 후, 필요한 제품과 서비스를 조달하여 구축한다는 개념이 중심이 됩니다. 그러나 클라우드 서비스를 이용하는 시스템은 클라우드 서비스가 제공하는 표준화된 서비스(기능)를 조합하는 개념이 중심이 됩니다. 예를 들어, AWS는 클라우드 서비스를 이용한 시스템 구성의 모범 사례가 담긴 클라우드 디자인 패턴이라는 자료를 웹에 공개하고 있습니다. 세세한 커스터마이징보다 표준화된 시스템 구성을 채택하고, API를 통해 다른 서비스와 연계하자는 사고방식이 필요합니다.

또한 기존의 시스템을 클라우드로 바꾼다면, 시스템과 아키텍처가 바뀌므로 처리량과 응답속도가 떨어지는 등의 영향 분석이 필요하고 보안 위험에도 대비해야 합니다.

장애를 전제한 설계

클라우드는 온프레미스 시스템에 비해 안정적인 운영기에 접어든 시점에 장애가 발생하기 쉽다고 알려져 있습니다. 따라서 클라우드를 이용한 시스템 구축은 장애 발생을 전제해야 합니다. 또한 장애가 발생하더라도 문제없이 운영할 수 있도록 설계하는 Design for Failure라는 사고방식이 필요합니다. 시스템에 단일 장애지점(Single Point of Failure, SPOF)을 만들지 않고, 존으로 구분한 다중화 시스템을 구축하는 등 전체 시스템의 가용성을 높이는 설계도 필요할 것입니다.

클라우드 서비스로 구축한 시스템을 운영하고 관리할 때는 접속량이 늘어나거나 줄어들었을 경우의 서버 기동 및 정지, 정기적인 백업 등의 작업을 운영 자동화 도구 등으로 자동화해서 최대한 손이 가지 않는 구조로 만들어야 합니다.

하나 더

● 온프레미스와 달리 클라우드는 제공되는 서비스를 이용한다

온프레미스

최신 제품 정보를 파악하고 검증해서 최적의 제품을 선택한다.

클라우드

제공되는 서비스 중에서 필요한 서비스를 선택한다.

● 클라우드는 자유도가 낮지만, 시스템 구축의 노하우가 공유되고 있다.

많은 클라우드 사업자들은 자사의 서비스를 이용한 검증된 시스템 구성 패턴과 구현 단계 등을 공개하고 있습니다. 시스템을 구축할 때 그 자료들을 참고할 수 있습니다.

시스템 구성 패턴 모음

시스템을 구성할 때의 기술적인 과제와 대책

일반적인 구현 단계

클라우드 사업자가 축적한 노하우를 모방하여, 안전하고 효과적인 클라우드 환경을 빠르게 구축할 수 있습니다.

● 클라우드를 이용한 시스템 구축의 대표적인 사고방식

- 로드 밸런서와 오토 스케일 기능으로 시스템을 확장할 수 있도록 만든다.
- 하나의 존에서 장애가 발생하더라도 문제가 없도록 멀티 존으로 구성한다.
- 서버 등의 다운을 모니터링하고 자동으로 복구하도록 구성한다.
- 시스템을 자동으로 복사하여, 백업할 수 있도록 한다.
- API를 통해 다른 서비스와 연계시키는 환경을 유지한다.
- 온프레미스 및 기타 클라우드 서비스로 이전할 가능성도 고려한다.

관련 용어 Amazon Web Services ▶▶▶ p.130   API ▶▶▶ p.96   클라우드 관리 플랫폼 ▶▶▶ p.64
시스템의 도입 ▶▶▶ p.32

클라우드 관리 플랫폼

클라우드 서비스 서버의 이용이 증가하고, 여러 개의 클라우드 서비스를 이용하는 경우도 늘어나고 있습니다. 이에 따라, 서버 환경 구축의 자동화 및 여러 클라우드의 통합적인 관리 등 효율성에 대한 요구가 높아지고 있습니다.

여러 클라우드의 구성 관리 및 운영 관리 기능을 담당하는 것이 '클라우드 관리 플랫폼'입니다. 클라우드 관리 플랫폼이 가지는 주요 관리 기능에 관해 설명합니다.

- **구성 관리**

  클라우드 서비스의 서버와 네트워크 같은 시스템 구성 및 액세스 규칙 등을 관리 포털 화면을 통해 손쉽게 할 수 있는 기능입니다. 서버와 애플리케이션 환경 구축과 같은 절차들을 코드로 작성해서 원하는 서버 환경을 자동으로 구축할 수 있습니다.

- **성능 관리**

  구축된 클라우드 서비스의 시스템 및 서버 환경의 CPU나 메모리 등의 성능을 모니터링하고 관리하는 기능입니다.

- **운영 관리**

  서버 및 네트워크 작업의 모니터링, 정기적인 데이터 백업, 리소스 모니터링 및 경고, 정기적인 작업 수행과 같은 클라우드 서비스를 운영하고 관리하는 기능입니다.

- **멀티 클라우드 관리**

  클라우드 서비스별로 API와 제공하는 서비스가 다르지만, 이들을 통합적으로 관리하는 기능입니다. 각각의 클라우드 서비스를 의식하지 않고, 가상 서버를 만들거나 정지하는 등의 설정을 변경할 수 있습니다.

- **사용자 관리**

  운영 관리 및 비용 관리 시스템 등의 시스템에 소속 및 직위에 따른 접근 권한을 설정하는 기능입니다.

클라우드를 실현하는
기술들

이번 장에서는 2장에서 소개한 클라우드 서비스들을 구성하는 기술적인 지식을 설명합니다. 기술의 개요를 알아두면 클라우드를 더욱 깊게 알 수 있으므로, 서비스의 선택과 이용에 도움이 됩니다.

01 클라우드를 실현하는 기술들

이전 장에서 살펴본 클라우드 서비스들은 다양한 기술로 구현되어 있습니다. 구체적으로는 가상화 기술, 컨테이너 기술, 분산 처리 기술, 데이터베이스 기술, 저장 기술 등이 있습니다. 이러한 기술의 개요를 알아 두면, 클라우드 시스템의 구성을 더욱 깊게 이해하게 되고, 클라우드의 도입과 운영에 도움이 됩니다.

클라우드 컴퓨팅 환경을 구축하고 운용하는 데 빠뜨릴 수 없는 요소가 **가상화 기술**입니다. 가상화란 서버 같은 **하드웨어 리소스(예: CPU, 메모리, 스토리지)를 논리적으로 다룰 수 있게 만드는 메커니즘**을 뜻합니다. 가상화 기술을 사용하면, 하나의 물리 서버 리소스를 여러 개로 나누어 여러 개의 서버 환경을 구축할 수도 있고, 여러 대의 물리적 서버 리소스를 하나의 서버 환경으로 통합할 수도 있습니다. 클라우드 서비스에서는 시스템 구성을 빠르고 유연하게 변경하거나 리소스가 부족해지면 자동으로 리소스를 추가하는 등의 작업이 가능합니다. 그러한 작업이 가능한 것은 물리적인 하드웨어 리소스를 가상화 기술로 논리적으로 다루고 있기 때문입니다.

컨테이너 또한 가상화 기술 중 하나입니다. 하나의 OS 환경에서, 애플리케이션을 실행하기 위한 영역(이 사용자 공간을 컨테이너라고 부름)을 여러 개로 나누어 사용할 수 있습니다. 컨테이너는 시작과 정지가 빠르고 다른 클라우드 서비스로 옮기기가 쉽다는 장점이 있습니다.

분산 처리는 대량의 데이터를 여러 서버에 분산하여 동시에 병렬로 빠르고 효율적으로 처리하는 기술입니다. 빅 데이터 분석과 같이, 양이 많으면서 다양한 데이터를 처리할 때에는 클라우드가 적합합니다. 분산 처리 기술도 이해해 두기를 권합니다.

또한, 대량 데이터의 집계, 상품 거래, 빅 데이터 분석, IoT 기반 등 사용 목적별과 데이터 특성별로 RDB(Relational Database: 관계형 데이터베이스)와 NoSQL로 대표되는 다양한 **데이터베이스 기술들이** 클라우드 서비스로 제공되고 있습니다.

이 외에도 클라우드는 데이터와 프로그램을 저장하는 기록장치인 스토리지 기술, 오픈소스 클라우드 기반 소프트웨어, 운영 관리, 보안 등 다양한 기술의 조합으로 구성됩니다.

제 3장에서는 클라우드에 필수적인 이러한 기술들을 소개합니다.

클라우드를 실현하는 다양한 기술들

컴퓨팅 리소스를 언제든지 원하는 만큼 사용할 수 있고, 여러 사용자가 리소스를 공유할 수 있다는 클라우드 서비스의 특징은, 다양한 가상화 기술로 구현되어 있습니다. 이 외에도, 분산 처리 기술처럼 클라우드의 장점을 살릴 수 있는 다양한 기술이 있습니다.

IaaS 기반을 구성하는 주요 기술

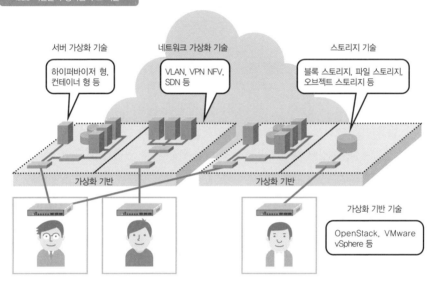

서버 가상화 기술 — 하이퍼바이저 형, 컨테이너 형 등

네트워크 가상화 기술 — VLAN, VPN NFV, SDN 등

스토리지 기술 — 블록 스토리지, 파일 스토리지, 오브젝트 스토리지 등

가상화 기반

가상화 기반

가상화 기반 기술 — OpenStack, VMware vSphere 등

PaaS 기반을 구성하는 주요 기술

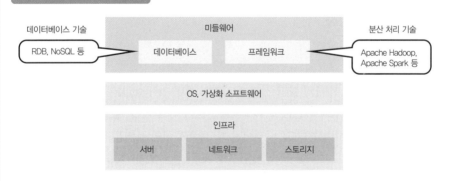

데이터베이스 기술 — RDB, NoSQL 등

미들웨어

데이터베이스

프레임워크

분산 처리 기술 — Apache Hadoop, Apache Spark 등

OS, 가상화 소프트웨어

인프라

서버 | 네트워크 | 스토리지

| 관련 용어 | 컨테이너 기술 ▶▶▶ p.70 | 서버 가상화 기술 ▶▶▶ p.68 | 스토리지 기술 ▶▶▶ p.76 |
| | 데이터베이스 기술 ▶▶▶ p.74 | 네트워크 가상화 기술 ▶▶▶ p.82 | 분산 처리 기술 ▶▶▶ p.72 |

Chapter

3

클라우드를 실현하는 기술들

02 서버 가상화 기술

주된 가상화 기술에는 '서버 가상화', '네트워크 가상화', '스토리지 가상화'. 3종류가 있습니다. 이 절에서는 서버 가상화에 관하여 설명합니다.

서버 가상화의 장점

서버 가상화 기술은 하나의 물리적 서버 리소스에 여러 개의 서버 환경을 할당하고, 각각의 환경에 OS와 애플리케이션을 실행할 수 있게 만들어 줍니다.

물리 서버의 경우, 모든 리소스를 사용하는 상황이 흔하지 않으므로 리소스가 남는 경우가 많습니다. 지금까지 개별적으로 운영했던 많은 양의 물리 서버들을 서버 가상화를 통해 집약시킬 수 있어 서버 리소스를 최대한 활용할 수 있습니다. 또한, 물리 서버의 수가 줄어들기에 공간 절약과 비용 절감에 도움이 됩니다. 이전 버전의 OS에서 동작하는 업무용 애플리케이션, 다양한 버전의 OS 및 미들웨어 환경이 필요한 개발·테스트 환경을 이용해야 할 경우에도 적합합니다.

가상 서버에는 CPU, 메모리, 스토리지, 네트워크 등이 에뮬레이트 되므로 물리 서버처럼 사용할 수 있습니다. 각각의 가상 서버는 독립된 상태이므로, 같은 물리 서버에 있는 가상 서버 중 하나가 바이러스와 같은 위협에 노출되더라도 다른 가상 서버에게 영향을 미치지 않습니다.

3종류의 서버 가상화 기술

서버 가상화 기술은 주로 '하이퍼바이저 형', '호스트 OS 형'과 마지막에 설명하는 '컨테이너 형'의 3종류로 분류됩니다. 이 절에서는 하이퍼바이저 형에 대해 설명합니다.

하이퍼바이저 형은 하나의 물리 서버 하드웨어 위에 '하이퍼바이저'라는 가상화 소프트웨어를 동작시키고, 그 위에 Linux와 Windows 같은 여러 개의 게스트 OS를 가동시키는 형태입니다. 당연히 여러 개로 나누어진 각 서버의 처리 능력은 물리 서버보다 떨어집니다. VMware의 VMware vSphere, 마이크로소프트의 Hyper-V, 시트릭스의 Xen, Linux 표준 기능인 KVM 등이 대표적입니다.

하나 더   물리 서버에서 실행 중인 시스템을 가상 서버로 옮기는 것을 P2V(Physical to Virtual) 라고 부르고, 가상 서버에서 가상 서버로 옮기는 것을 V2V(Virtual to Virtual)라고 부릅니다.

● 서버 가상화의 장점

서버 가상화는 하나의 물리 서버에 있는 CPU와 메모리, 스토리지 등의 하드웨어를 논리적으로 나누어 여러 개의
가상 서버에 할당하는 기술입니다. 각각의 가상 서버로는 물리적 서버와 마찬가지로 OS나 애플리케이션을 동작시
킬 수 있습니다. 서버 가상화는 공간 절약 및 리소스의 최대 활용 같은 다양한 장점이 있습니다.

물리 서버의 개수를 줄이고, 설치 공간을 절약할 수 있다.

남기 쉬운 CPU나 메모리 같은 자원들을 최대한 활용할 수 있다.

10%   40%

물리 서버에서 실행 중인 시스템을 가상 서버로 옮기거나, 가상 서버에서 실행 중인 시스템
을 다른 가상 서버로 옮길 수 있습니다.

● 3종류의 서버 가상화 기술

하이퍼바이저 형	호스트 OS 형	컨테이너 형
애플리케이션 / 애플리케이션	애플리케이션 / 애플리케이션	애플리케이션 / 애플리케이션
게스트 OS / 게스트 OS	게스트 OS / 게스트 OS	실행 환경 / 실행 환경
하이퍼바이저	호스트 형 가상화 소프트웨어	컨테이너 관리 소프트웨어
하드웨어	호스트 OS	호스트 OS
	하드웨어	하드웨어

관련
용어   관련 컨테이너 기술 ▶▶▶ p.70

Chapter
3
클라우드를 실현하는 기술들

03 컨테이너 기술

클라우드 사업자가 제공하는 '컨테이너 기술'의 지원 서비스가 개발 현장에 도입되는 등 많은 주목을 받고 있습니다.

컨테이너 기술의 개요

컨테이너 기술이란 하나의 OS 환경에서 애플리케이션의 실행 영역(유저 스페이스)을 여러 개로 나누어 사용하는 기술을 말합니다. 그리고 이렇게 나눈 각각의 유저 스페이스를 '컨테이너'라는 이름으로 부릅니다. 각각의 컨테이너는 다른 컨테이너에 영향을 주지 않으며 별도의 애플리케이션을 실행할 수 있습니다. 컨테이너는 호스트 OS의 입장에서 보면 하나의 프로세스(실행 중인 프로그램)입니다.

서버 가상화는 하드웨어 환경을 통째로 가상화하는 것, 컨테이너는 애플리케이션의 실행 환경을 가상화하는 것으로 이해해도 좋습니다. 컨테이너를 만들 때는 다양한 OS를 지원하는 템플릿을 사용할 수 있으므로, 그것을 사용하여 하나의 호스트 OS에서 멀티 OS 환경을 제공할 수 있습니다. 가상 서버는 기동에 수십 초에서 수 분 정도가 걸리지만, 컨테이너는 가상화에 따른 오버헤드가 적으므로 빠르게 기동/정지할 수 있으며 성능 저하도 거의 없습니다. 게스트 OS가 필요 없기 때문에 보조 기억장치의 사용량도 줄일 수 있습니다. 또한, 개별 컨테이너가 사용하는 하드웨어 리소스(CPU, 메모리, 스토리지, 네트워크 등)가 적으므로 1대의 물리 서버에 매우 많은 양의 컨테이너를 올릴 수 있다는 장점이 있습니다.

그리고 애플리케이션의 실행 환경이 컨테이너 단위로 패키징되므로 로컬 컴퓨터의 개발 환경을 클라우드로 옮길 수도 있으며 A사의 클라우드에서 B사의 클라우드로 그대로 옮길 수도 있는 등 복제가 쉽고 이식성이 뛰어납니다.

대표적인 컨테이너 타입 가상화 소프트웨어로는 Docker사가 개발한 오픈 소스 소프트웨어 'Docker'가 있습니다. 컨테이너 타입 가상화 소프트웨어의 운영 관리를 자동화하는 도구도 주목을 받고 있습니다. 이 분야에서는 오픈 소스 소프트웨어 'Kubernetes'가 사실상의 표준(데 팍토)으로 인정받고 있습니다. 컨테이너 등의 기술을 추진하는 단체로는 'Cloud Native Computing Foundation(CNCF)'가 있습니다.

> **하나 더**   AWS의 'Amazon Elastic Container Service for Kubernetes'나 마이크로소프트의 'Azure Kubernetes Service' 등이 클라우드의 컨테이너 관리 서비스입니다.

● **하이퍼바이저 형과 컨테이너 형의 차이점**

하이퍼바이저 형

하이퍼바이저 형은 OS 환경을 통째로 가상화합니다.

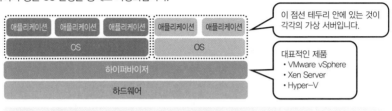

이 점선 테두리 안에 있는 것이 각각의 가상 서버입니다.

대표적인 제품
• VMware vSphere
• Xen Server
• Hyper-V

장점
• 가상 서버마다 OS를 선택할 수 있다.
• 가상 서버들이 완전히 분리되어 있고, 하나의 가상 서버가 사이버 공격을 받아도 다른 가상 서버에게 피해가 미치지 못한다.

단점
• 가상 서버마다 OS가 필요하므로 CPU, 메모리, 스토리지 등의 하드웨어 리소스의 소비량이 많다.
• 가상 서버의 부팅에 시간이 걸린다.

컨테이너 형

컨테이너 형은 하나의 OS 환경에서 애플리케이션의 실행 영역을 여러 개로 나누어 사용할 수 있습니다. 다양한 종류의 OS를 지원하는 템플릿으로 컨테이너를 만들 수 있으므로, 하나의 호스트 OS에서 멀티 OS 환경을 구현할 수 있습니다.

이 점선 테두리 안에 있는 것이 각각의 컨테이너입니다.

대표적인 제품
• Docker

장점
• 하나의 호스트 OS에서 여러 개의 OS를 동시에 사용할 수 있다.
• 다른 컨테이너에 복사하거나 마이그레이션하기가 쉽다.
• 가상화 환경 위에서 별도의 OS를 동작시킬 필요가 없으므로 개별 컨테이너가 요구하는 하드웨어 리소스가 적으며 부팅이 빠르다.

단점
• 호스트 OS와 컨테이너는 커널(OS의 핵심 부분)을 공유한다. 그래서 Linux 커널에서 Windows 컨테이너를 동작시키는 것은 불가능하다.
• 하나의 호스트 OS가 여러 개의 컨테이너를 동작시키므로 한 컨테이너가 사이버 공격을 받으면 다른 컨테이너도 위험에 노출될 가능성이 있다.

관련 용어 · 하이퍼바이저 ▶▶▶ p.68

Chapter **3** 클라우드를 실현하는 기술들

04 분산 처리 기술

클라우드가 등장하기 이전, 테라바이트, 페타바이트 급 대용량 데이터를 처리하려면 고속 CPU와 대용량 메모리가 탑재된 서버가 필요했습니다. 하지만 지금은 분산 처리 기술과 클라우드 서비스를 이용하여, 데이터를 여러 개의 서버에 나누어 병렬로 처리할 수 있습니다. 또한, 처리의 부하 상황에 따라 서버와 같은 리소스를 늘리거나 줄일 수 있습니다. 이를 통해 가격 부담을 줄이면서 대량의 데이터를 고속으로 처리하는 것이 가능하게 되었습니다.

대량의 데이터를 분산 처리하는 장치로, 여러 개의 서버를 결합하여 하나의 컴퓨터로 보이게 만듭니다. 이를 '클러스터링'이라고 부릅니다. 클러스터링을 하면, 대용량 데이터 처리 중에 몇 개의 서버에 장애가 발생하더라도 나머지 서버에 자동으로 작업을 할당하고 작업을 이어갈 수 있습니다.

분산 처리를 구현하는 소프트웨어

분산 처리를 구현하는 대표적인 소프트웨어로는, 오픈 소스로 공개된 'Apache Hadoop'과 'Apache Spark'가 있습니다.

Apache Hadoop은 1대의 마스터 서버와 마스터 서버가 제어하는 여러 개의 슬레이브 서버로 구성됩니다. 마스터 서버는 데이터 처리 전체를 제어하고 슬레이브 서버는 연산을 처리합니다. 처리 능력은 슬레이브 서버의 대수에 비례해서 늘어납니다.

Apache Spark는 메모리 안에서 대용량 데이터의 병렬 분산 처리를 실행합니다. Apache Spark는 메모리 안에서 실행하므로 반복 처리 중에 디스크에 데이터를 빈번하게 읽고 쓰는 Apache Hadoop과 비교하여 속도가 매우 빠릅니다. 그러나 테라바이트급 이상의 데이터는 클러스터링 시스템의 메모리에 모두 적재할 수 없으므로 적합하지 않습니다.

Apache Spark가 응답 속도가 빠르다면, Apache Hadoop은 처리할 수 있는 양이 많다고 할 수 있습니다. Apache Hadoop은 대용량 데이터의 일괄 처리(어느 정도 정리된 데이터를 모아 일괄 처리하는 것)에 적합하지만, Apache Spark는 기계학습과 같은 데이터를 반복하는 고급 데이터 분석을 빠르게 수행하는 데 적합합니다.

각각의 특징에 맞게 상호 보완하면서 사용할 수 있습니다.

● 분산 처리의 개념

MapReduce라는 메커니즘이 유명합니다. Map 처리와 Reduce 처리를 여러 개의 서버에서 동시 실행해서 속도를 높입니다.

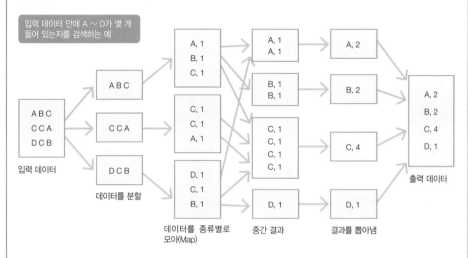

● Apache Hadoop의 구성

여러 대의 서버를 한 대의 컴퓨터처럼 사용하는 클러스터링 기술로 대용량 데이터를 분산 처리합니다.

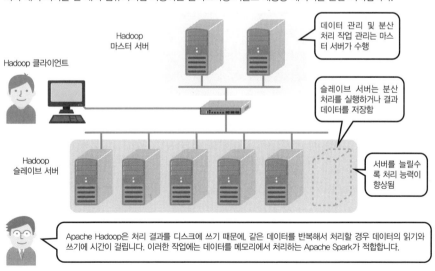

관련 용어 빅 데이터 분석 ▶▶▶ p.58 기계학습 ▶▶▶ p.60

05 데이터베이스 기술

각 클라우드 사업자들은 대량의 데이터 분석 처리 및 트랜잭션 처리(상거래와 같은 일련의 처리) 등 사용자의 이용 목적에 맞는 다양한 데이터베이스 서비스를 제공하고 있습니다. 주요 데이터베이스에는 RDB(Relational Database: 관계형 데이터베이스)와 'NoSQL' 등이 있습니다. 오늘날의 빅 데이터 분석 및 IoT 과제에 NoSQL의 이용도 증가하고 있습니다.

RDB

RDB는 여러 개의 데이터를 행과 열이 있는 표 형식으로 표현하여, 복잡한 데이터의 관계를 처리할 수 있도록 만든 데이터베이스입니다. RDB는 RDBMS(Relational Database Management System: 관계형 데이터베이스 관리 시스템)라는 전용 소프트웨어로 관리합니다.

NoSQL

NoSQL(Not only SQL)은 'RDB와 같은 관계형 데이터베이스가 아닌 데이터베이스'를 가리키는 용어입니다. 따라서 제품별로 자료구조(어떤 형태로 데이터를 저장하는가)가 다양하지만, 대량의 데이터를 분산시켜 고속으로 처리하는 분산 데이터베이스라는 공통적인 특징이 있습니다. 분산시켜 처리한다는 특징이 있기에 클라우드 서비스 구현에 적합하며, 주로 빅 데이터 분석 등에 사용됩니다. NoSQL은 자료구조의 차이에 따라 키 밸류 형, 컬럼 지향형, 문서 지향형, 그래프형의 4가지로 분류됩니다.

키 밸류 형 제품의 모든 데이터는 인덱싱된 값으로 구성되어 있습니다. 구성이 간단하고 확장성이 높으며, 데이터의 읽기 속도가 빠르다는 점이 특징입니다. 컬럼 지향형 제품은 컬럼(열) 단위로 데이터를 보관하고, 대량의 컬럼 단위 데이터의 집계/갱신 속도가 빠릅니다. 또한, 데이터의 쓰기 속도가 빠르다는 특징이 있습니다. 문서 지향형 제품은 복잡한 데이터를 문서에 저장하고 문서 단위로 데이터를 저장하여, 검색하고 관리할 수 있습니다. 따라서, 복잡한 데이터를 처리하는 응용 프로그램의 개발에 적합합니다. 그래프형 제품은 데이터 간의 관계를 그래프로 형성하고, 통합 검색을 빠르게 할 수 있습니다.

RDB와 NoSQL

현재 가장 많이 사용되는 데이터베이스 유형은 RDB입니다. 최근에는 빅 데이터 분석 및 IoT 과제에서 RDB가 아닌 데이터베이스(NoSQL)를 이용하는 사례가 늘어나고 있습니다.

RDB

키	이름	소속
1	윤경	영업부
2	연희	업무부
3	민경	편집부

- 데이터를 열과 행이 있는 표로 표현한다.
- 데이터 조작 언어로 SQL을 사용한다.
- 데이터의 일관성을 엄격하게 유지한다.
- 데이터베이스의 처리 능력을 향상시키려면 스케일 업(하드웨어 기능 강화)이 필수.

대표적인 RDBMS

- Oracle Database
- Microsoft SQL Server
- MySQL
- PostrgeSQL

NoSQL

키	벨류
K1	AAA,BBB,CCC
K2	AAA,BBB
K3	AAA,DDD

- 주요 자료구조에는 키 밸류형, 컬럼 지향형, 문서 지향형, 그래프형이 있다.
- 데이터 조작 언어는 제품마다 다르다.
- 일시적으로 데이터의 일관성이 없는 상태가 있음(결과 무결성).
- 데이터베이스의 처리 능력을 높이려면, 스케일 아웃(서버 대수 증가)이 필수.

NoSQL의 종류

키 밸류 형능을 조작   [제품 예] • Memcached • Redis • Riak

키	벨류
K1	AAA,BBB,CCC
K2	AAA,BBB
K3	AAA,DDD

키와 밸류(값)를 쌍으로 저장하는 간단한 자료 구조

컬럼 지향형   [제품 예] • Hbase • Cassandra

key	column		
	id	name	timestamp
k0001	u0001	Stephen	123456
k0002	u0002	Jackson	234567
k0003	u0003	Terry	345678

데이터를 컬럼(열) 단위로 정리하고 관리하는 자료 구조

문서 지향형   [제품 예] • MongoDB • CouchDB

```
{
    "ID" : ObjID( "AAA" ),
    "title" : "클라우드의 기본",
    "author" : "stephen",
    … …
}
```

XML, JSON과 같은 문서 데이터 저장에 특화된 자료 구조

그래프 형   [제품 예] • Neo4j

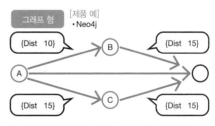

'노드' '관계' '속성'이라는 3가지 요소로 노드 간의 관계를 표현하는 자료 구조

관련 용어   IoT ▶▶▶ p.182   데이터베이스 서비스 ▶▶▶ p.54   빅 데이터 ▶▶▶ p.180

06 스토리지 기술

스토리지는 데이터와 프로그램을 저장하는 기록 장치입니다. 클라우드 서비스에서는 블록 스토리지, 파일 스토리지, 오브젝트 스토리지 총 3가지의 액세스 방식을 제공합니다.

• 블록 스토리지

블록 스토리지는 일정한 크기의 블록으로 나뉜 스토리지의 논리 볼륨을 블록 단위로 액세스할 수 있는 스토리지입니다. 스토리지의 액세스에는 파이버 채널(FC)과 iSCSI 같은 전용 프로토콜을 사용합니다. 서버와 스토리지가 데이터를 교환할 때의 오버헤드가 적어서, 빠른 데이터 전송이 가능합니다. 낮은 레이턴시가 요구되는 데이터베이스 용도로 사용되고 있습니다.

• 파일 스토리지

파일 스토리지는 파일을 그대로 읽고 쓸 수 있으며 공유할 수 있는 스토리지입니다. 데이터 처리는 Windows OS에서 사용하는 SMB(Server MessageBlock), CIFS(Common Internet FileSystem)와 UNIX 및 Linux OS에서 사용하는 NFS(Network FileSystem) 등의 파일 공유 프로토콜을 사용하여 파일 단위로 이루어집니다. NAS(Network Attached Storage)도 파일 스토리지로 분류합니다. 주로 파일 서버로 이용하며, 파일의 접근 제어나 파일의 속성 정보를 관리하기 쉽다는 장점이 있습니다.

• 오브젝트 스토리지

오브젝트 스토리지는 데이터를 객체 단위로 처리합니다. 데이터 및 관련 메타 데이터로 구성된 오브젝트에는 고유한 ID(URI)가 부여됩니다. 오브젝트 스토리지는 OS나 파일 시스템에 의존하지 않으면서도 데이터를 저장하고 오브젝트에 액세스 할 수 있는 특징이 있습니다. 오브젝트 스토리지의 액세스에는 HTTP 프로토콜 기반의 REST(REpresentational State Transfer) 형식의 API를 사용합니다. 오브젝트 스토리지는 쉽게 용량을 늘릴 수 있으며, 데이터의 크기와 저장할 수 있는 데이터의 수에 제한이 없습니다. 갱신 빈도가 적은 데이터나 대량의 데이터를 저장하고 장기 보존하는 용도로 이용되고 있습니다.

하나 더 | 서버에서 데이터의 읽고 쓰기가 번번할 경우, 데이터를 읽고 쓰는 입출력(I/O) 처리에 부하가 발생하므로 I/O 처리 성능이 우수한 스토리지가 필요합니다.

● 클라우드 스토리지의 3가지 데이터 액세스 방식

클라우드 서비스의 특성에 따라, 데이터 액세스 방식은 3가지로 구분됩니다. 일반적으로 빠른 응답이 필요한 경우에는 블록 스토리지가, 일반적인 파일 공유에는 파일 스토리지가, 인터넷을 통해 액세스하거나 갱신 빈도가 낮은데이터는 오브젝트 스토리지가 사용됩니다.

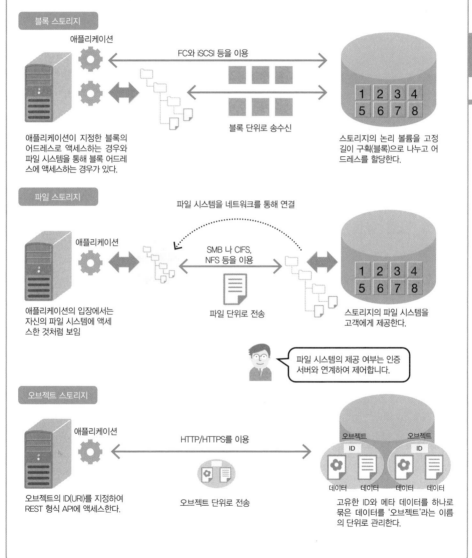

블록 스토리지

애플리케이션

FC와 iSCSI 등을 이용

블록 단위로 송수신

애플리케이션이 지정한 블록의
어드레스로 액세스하는 경우와
파일 시스템을 통해 블록 어드레스에 액세스하는 경우가 있다.

스토리지의 논리 볼륨을 고정
길이 구획(블록)으로 나누고 어드레스를 할당한다.

파일 스토리지

애플리케이션

파일 시스템을 네트워크를 통해 연결

SMB 나 CIFS,
NFS 등을 이용

파일 단위로 전송

애플리케이션의 입장에서는
자신의 파일 시스템에 액세스한 것처럼 보임

스토리지의 파일 시스템을
고객에게 제공한다.

파일 시스템의 제공 여부는 인증
서버와 연계하여 제어합니다.

오브젝트 스토리지

애플리케이션

HTTP/HTTPS를 이용

오브젝트 단위로 전송

오브젝트의 ID(URI)를 지정하여
REST 형식 API에 액세스한다.

오브젝트

ID

데이터   데이터

오브젝트

ID

데이터   데이터

고유한 ID와 메타 데이터를 하나로
묶은 데이터를 '오브젝트'라는 이름
의 단위로 관리한다.

Chapter
3
클라우드를 실현하는 기술들

관련
용어   API ▶▶▶ p.96   스토리지 서비스 ▶▶▶ p.50

07 IaaS를 위한 오픈 소스 클라우드 기술

진정한 자체 클라우드를 구축하려 할 때의 유력한 대안은 'OpenStack'으로 대표되는 **오픈 소스 클라우드 기반 소프트웨어**입니다. OpenStack은 프라이빗 클라우드를 구축하기 위한 기반 소프트웨어로서 VMware에 이어 두 번째로 많이 사용되고 있습니다. AWS, Microsoft Azure, Google Cloud Platform 등을 제외한 대부분의 주요 퍼블릭 클라우드 서비스의 IaaS 기반으로도 사용되고 있습니다.

OpenStack 개요

OpenStack은 미국 항공 우주국(NASA)의 독자적인 클라우드 기반인 'Nebula'가 그 바탕입니다. 클라우드 사업자인 Rackspace와 공동 개발한 프로젝트였지만, 현재는 완전한 오픈 소스로 공개되어 있습니다. 2012년 9월에는 OpenStack 관리 단체로 구성된 비영리 단체 'OpenStack Foundation'이 발족하였습니다.

OpenStack 프로젝트의 개발 체제는 오픈 소스 커뮤니티가 주도하고 있습니다. '대규모 시스템에도 대응할 수 있는 확장성을 갖추고, **특정 업체에 점거되지 않는 업계 표준 사양의 클라우드 인프라 기반**을 개발하여 클라우드 기술 혁신을 촉진하는 것' 등을 지침으로 삼고 있습니다. 의사 결정 프로세스와 개발 프로세스는 모두 공개되어 있습니다.

OpenStack은 Apache 라이센스 2.0이 적용되어 있으며, 개발된 소스 코드를 완전한 오픈 소스로 공개하고 있습니다. 표준 개발언어는 Python, 표준 외부 API는 OpenStack의 독자적인 API로 REST API(HTTP 기반) 및 Amazon EC2/S3 호환, 표준 OS로는 Ubuntu Linux가 채택되어 있습니다.

OpenStack은 단독으로 동작하는 수많은 소프트웨어들로 구성되어 있습니다. 대표적인 소프트웨어로는 하이퍼바이저 제어 및 베어메탈 프로비저닝을 수행하는 Nova, 가상 네트워크를 제어하는 Neutron 등이 있습니다.

OpenStack 프로젝트는 코드명 'Austin'(2010년 10월)부터 'Victoria'(2019년 10월)에 이르기까지 약 6개월 단위로 총 22번의 메이저 릴리스가 있었으며, 기능도 발전을 거듭하고 있습니다

하나 더 Red Hat은 OpenStack 기반의 엔터프라이즈용 상용 소프트웨어 'Red Hat OpenStack Platform'을 제공하고 있습니다.

● 클라우드 기반 소프트웨어란?

클라우드 기반 소프트웨어란 다양한 가상화 및 클라우드 기능을 제공하는 소프트웨어입니다. KVM, VMware, ESXi 등의 하이퍼바이저에서 실행합니다. OpenStack은 하이퍼바이저 오버 제어 및 서버 가상화의 기능을 가진 Nova, 네트워크를 가상화하는 Neutron, 운영 관리 도구인 Horizon 등 여러 개의 소프트웨어로 구성되어 있습니다.

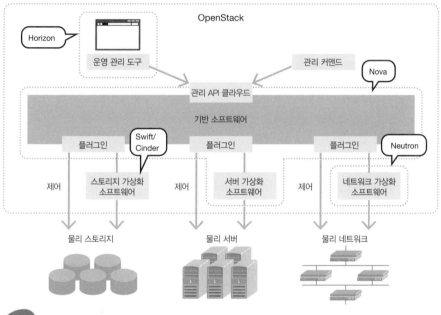

OpenStack은 다양한 기능의 컴퍼넌트들로 구성되며 널리 이용되고 있으므로, IaaS 중심의 기술 습득이나 서비스 구현을 고려할 때, 최적의 선택 중 하나입니다.

OpenStack 컴포넌트의 예

컴퍼넌트	설명
Nova	하이퍼바이저의 제어와 가상 서버 관리
Swift	오브젝트 스토리지 기능
Glance	템플릿 이미지와 스냅샷의 보존 및 관리

컴퍼넌트	설명
Keystone	사용자 인증 기능
Horizon	관리 Web 대시 보드 기능
Cinder	블록 볼륨 관리
Neutron	가상 네트워크 기능

관련 용어 IaaS ▶▶ p.24   하이퍼바이저 ▶▶ p.68

08 PaaS를 위한 오픈 소스 클라우드 기술

　IaaS 형 클라우드 서비스는 오픈 소스로 공개된 기반 소프트웨어가 발전함에 따라, 클라우드 사업자들이 제공하는 서비스의 기능적인 격차가 줄어들고 있습니다. PaaS 형 클라우드 서비스에서도 오픈 소스로 공개된 PaaS 기반 소프트웨어가 떠오르고 있습니다. 오픈 소스 PaaS 기반 소프트웨어는 IaaS와는 독립적으로 동작하며, AWS와 VMware, OpenStack 같은 다양한 클라우드 서비스에서 실행시킬 수 있습니다.

　오픈 소스 PaaS 기반 소프트웨어는 오픈 소스 웹 애플리케이션의 실행 환경을 지원합니다. Ruby, Java, Python, PHP 등의 다양한 개발 언어와 Ruby on Rails, Sinatra, Spring Framework, Node.js와 같은 오픈 소스 표준에 따르는 개발 프레임워크 그리고 MySQL, PostgreSQL, MongoDB 등의 여러 데이터베이스를 사용할 수 있는 점이 특징입니다. Docker의 이미지와 같은, 컨테이너의 실행 환경 지원도 진행되고 있습니다.

대표적인 오픈 소스 PaaS 기반 소프트웨어

　대표적인 오픈 소스 PaaS 기반 소프트웨어로는 Cloud Foundry(클라우드 파운드리)와 OpenShift가 있습니다. 이 절에서는 Cloud Foundry를 설명합니다.

　Cloud Foundry는 VMware가 2011년 4월에 발표한 오픈 소스 PaaS 기반 소프트웨어입니다. Ruby로 구현되어 있으며, 다양한 개발 언어와 개발 프레임워크, 데이터베이스를 지원합니다.

　2014년 12월부터는 오픈 소스 프로젝트로 추진하기 위해 EMC, HP, IBM Pivotal, SAP VMware, NTT 등이 중심이 된 'Cloud Foundry Foundation(클라우드 파운드리 재단)'을 설립하여 Cloud Foundry을 보급하고 있습니다.

　Cloud Foundry Foundation에서는 Cloud Foundry와 Kubernetes의 통합을 목표로 하는 'Cloud Foundry Container Runtime(CFCR)' 프로젝트를 추진하는 등 Kubernetes에 대한 지원이 확대되고 있습니다.

하나 더 　Pivotal은 Cloud Foundry에 기반한 엔터프라이즈용 상용 소프트웨어 'Pivotal Cloud Foundry'를 제공하고 있습니다.

● PaaS 기반 소프트웨어란?

Cloud Foundry 등의 PaaS 기반 소프트웨어는 PaaS 기능을 제공하는 수많은 소프트웨어로 구성됩니다. IaaS와는
독립적으로 작동하기 때문에, AWS와 VMware, OpenStack같은 다양한 클라우드 서비스에서 실행시킬 수 있습니다.

● PaaS 기반 소프트웨어의 이용

CloudFoundry를 채용했을 경우의 PaaS 기반 소프트웨어 개념도입니다. 내부에는 다양한 메커니즘이 동작하고 있
지만, 개발자는 그것을 이해할 필요가 없습니다. 코드를 클라우드에 배치하기만 하면, 애플리케이션을 실행시킬 수
있습니다.

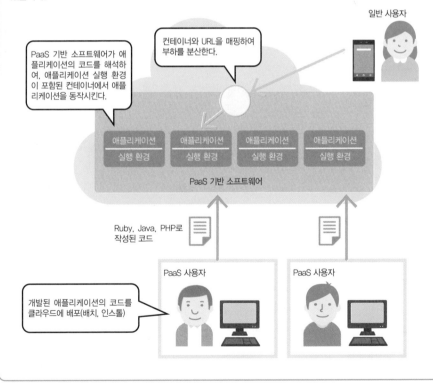

관련
용어   Docker ▶▶ p.70   OpenStack ▶▶ p.78   PaaS ▶▶ p.22

09 네트워크 가상화 기술

클라우드를 구현하려면 네트워크에도 물리적 구성에 얽매이지 않는 유연성이 요구됩니다. 네트워크 가상화를 구현하는 VLAN, VPN, NFV 기술을 소개합니다.

• VLAN

VLAN(Virtual Lan)은 하나의 물리적인 네트워크를 여러 개의 논리적인 네트워크로 분할하는 기술입니다. 물리적인 배선을 변경하지 않고, 네트워크 장비에 설정을 추가해서 네트워크를 나눌 수 있습니다. 논리적으로 분할된 네트워크들은 라우터를 거치지 않으면 통신할 수 없습니다. 이를 통해 조직 단위로 네트워크를 나누면 조직 안에 한정된 데이터를 전송할 수 있습니다. 클라우드 서비스와 데이터 센터 사이에 VLAN을 이용하면 프라이빗한 환경을 구축할 수 있습니다.

• VPN

VPN(Virtual Private Network)은 인터넷과 같은 불특정 다수가 이용하는 네트워크에 가상으로 전용선과 같은 사설망을 연결하는 기술입니다. 클라우드 서비스와 기업 사용자가 보유한 온프레미스 시스템이 인터넷을 통해 VPN에 연결할 때에는 IPsec라는 프로토콜이 사용됩니다. IPsec을 이용하여 통신하면 통신 거점 인증, 통신 데이터의 암호화가 이루어지므로 거점 간의 안전한 통신을 구현됩니다.

• NFV

NFV(Network Functions Virtualization)는 네트워크 기능을 소프트웨어로 구현하여 가상 서버 위에 구축하는 기술입니다. 라우터와 게이트웨이, 방화벽, 로드 밸런서와 같은 네트워크 장비의 기능을 가상 서버에서 애플리케이션 소프트웨어로 구현합니다. 기존 네트워크에서 대부분의 네트워크 기능들은 전용 하드웨어와 통합된 네트워크 어플라이언스로서 제공됐습니다. NFV는 전용 하드웨어 없이 네트워크 기능을 제공하므로 하드웨어 장비를 대체할 수 있으며, 네트워크 장비의 수요 및 구성 변경 등에도 유연하게 대응할 수 있습니다.

그림으로 알아보자!

● 네트워크의 주요 가상화 기술

클라우드 서비스를 지탱하는 네트워크 가상화 기술이 사용되고 있습니다. 이러한 기술을 이용하면, 물리적 구성과 관계없이 빠르게 네트워크 구성을 변경할 수 있습니다.

VLAN · VLAN은 물리적 연결과 관계없이, 네트워크를 논리적으로 자유롭게 나눌 수 있습니다.

물리적 연결을 보면...

1 2 3 4 5

VLAN은 관리자가 스위치에 설정한다.

논리적인 연결을 보면...

1 3 4   2 5

1, 3, 4번을 VLAN10에 2, 5번을 VLAN20으로 설정

VPN(IPsec VPN) · 네트워크에 통신 터널을 만들고, 가상의 전용선처럼 통신합니다.

IPsec VPN 지원 라우터 등

IPsec VPN 지원 라우터 등

클라우드 서비스 사업자의 VPN 기능

악의를 가진 사용자에 의한 데이터의 도청, 변조, 스푸핑을 방지할 수 있다.

NFV · 네트워크 기능을 소프트웨어로 구현하여, 네트워크 구성 변경 등에 유연하게 대응합니다.

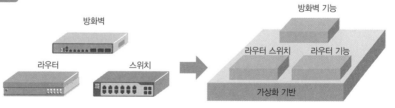

방화벽

라우터   스위치

방화벽 기능

라우터 스위치   라우터 기능

가상화 기반

기존의 네트워크 장비는 소프트웨어와 하드웨어가 일체화되어 있다.

네트워크 기능을 가상화 기반에서 소프트웨어로 구현한다.

관련 용어 · 네트워크 서비스 ▶▶▶ p.52

Chapter

3

클라우드를 실현하는 기술들

10 SDN

서버 가상화와 클라우드의 급속한 발달에 따라 시스템의 통합 관리 및 운영 자동화가 진행되고 있는 한편, 네트워크는 기존과 같은 방식으로 하드웨어별로 운영/관리되고 있는 것이 현실입니다. 그러나 서버 가상화 및 클라우드는 네트워크 트래픽의 급속한 증감 및 경로 변경을 초래하므로 이에 대응하기 위한 네트워크 증설과 변경, 운영의 자동화가 큰 과제가 되고 있습니다.

이러한 과제를 해결하고 네트워크의 유연한 변경을 실현할 것으로 기대되는 것이 바로 네트워크를 가상화하고 네트워크 구성과 기능 설정 등을 소프트웨어로 프로그래밍할 수 있게 만들어 주는 'SDN(Software Defined Networking)'입니다.

SDN의 개요

SDN의 개념은 기존 네트워크 장비마다 가지고 있던 통신의 전송 기능(데이터 플레인)과 제어 기능(컨트롤 플레인)을 분리하여, 제어 기능을 컨트롤러에 논리적으로 집중시켜서 데이터의 흐름을 소프트웨어로 정의하자는 것입니다. 서버 가상화와 마찬가지로 물리적 네트워크가 추상화되므로, 하나의 물리적 네트워크 위에 컨트롤러 별로 여러 개의 가상 네트워크를 구축할 수도 있습니다.

SDN이 등장하면서 스위치, 라우터와 같은 네트워크 장비의 아키텍처가 OS, 미들웨어, 애플리케이션이 통합된 수직 통합형 아키텍처에서 각 기능별 레이어를 분리해서 오픈형 인터페이스로 연결하는 아키텍처로 바뀌고 있습니다.

SDN의 보급이 진행되면 네트워크 장비는 컨트롤러가 집중적으로 제어하게 되며, 기업 사용자는 네트워크 가동 상황 및 운영에 맞추어 소프트웨어로 유연하게 데이터 전송 경로를 변경할 수 있게 될 것으로 기대되고 있습니다. 또한, 가상 서버에서 실행 중인 OS나 소프트웨어를 정지시키지 않고, 다른 데이터 센터에 있는 물리적 컴퓨터로 이동시키는 라이브 마이그레이션을 적용해 네트워크 구성을 유연하게 변경할 수 있게 되는 등 데이터 센터 간 리소스의 유효 활용이 가능해집니다.

하나 더　SDN을 WAN까지 적용하여, 기업 사용자 스스로 주체적으로 유연하고 확장성이 높은 기업 네트워크를 구축하고 운영하는 SD-WAN(Software Defined WAN)이 주목을 받고 있습니다.

● SDN이란?

기존의 네트워크 장비 1대는 통신의 전송 기능과 제어 기능을 모두 갖추고 있습니다.

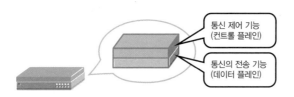

따라서 기존의 네트워크는 관리자가 1대마다 기기를 설정하여 통신 경로를 제어해야만 했습니다. 또한, 통신의 종류마다 경로를 분리하는 것도 어려웠습니다.

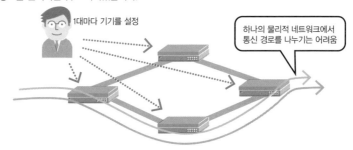

SDN은 통신 제어 기능과 전송 기능을 분리합니다. 하드웨어는 전송 기능만을 갖게 하고, 컨트롤러가 동적으로 제어할 수 있게 만듭니다. 이를 통해, 물리적 네트워크 리소스에 여러 개의 가상 네트워크를 구축하는 것도 가능하게 됩니다.

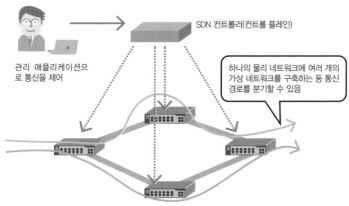

관련
용어　네트워크 서비스 ▸▸▸ p.52

11 엣지 컴퓨팅

엣지 컴퓨팅은 서버를 클라우드 쪽에 배치하는 대신, 서버를 스마트폰 등의 말단 디바이스에 가까운 영역(엣지 쪽)에 분산 배치하고, 그 서버에서 말단 디바이스가 보낸 데이터를 처리하는 컴퓨팅 모델입니다. 클라우드 컴퓨팅은 서버를 한곳에 모아 집중 처리를 하지만, 엣지 컴퓨팅은 말단에서 분산 처리를 한다는 차이가 있습니다.

클라우드 컴퓨팅이 보급되는 가운데, IoT 애플리케이션처럼 모든 데이터를 클라우드 쪽에 모아서 처리하는 모델이 어울리지 않는 사례가 발견되기 시작했습니다. 예를 들어, 말단 장치에서 수집한 데이터를 네트워크의 마지막에 위치한 클라우드로 전송할 때 네트워크에서 지연이나 오류가 발생할 수 있습니다.

즉, 주요 요구사항인 처리의 실시간성이나 신뢰성 등을 만족하지 못하는 상황이 발생할 수 있습니다. 실시간 데이터 처리와 높은 신뢰성이 요구되는 상황에서 엣지 컴퓨팅은 클라우드 서비스의 장애 또는 네트워크 지연 등을 피할 수 있는 방법입니다.

엣지 컴퓨팅에 주목하는 배경

엣지 컴퓨팅에 주목하는 배경으로는 수집한 디지털 데이터의 폭발적인 증가와 낮은 지연 통신이 요구되는 실시간 애플리케이션의 이용 확대를 들 수 있습니다. 예를 들어, 공장 생산 라인의 기계 제어는 밀리 초 단위의 응답이 요구되지만, 이러한 경우에는 클라우드가 아닌 공장에 있는 서버에서 처리해야 합니다. 또한 커넥티드 카와 자율주행 자동차는 차량이 생성하는 영상 데이터와 주행 데이터, 지도 데이터 등을 실시간으로 처리해야 합니다. 이러한 처리에는 낮은 지연율로 데이터를 처리하는 엣지 컴퓨팅의 활용이 필수적입니다.

현장에서 사용할 수 있는 디바이스의 고도화/소형화/저전력화/비용 절감도 엣지 컴퓨팅의 보급을 뒷받침하고 있습니다. 데이터 수집용 센서에 더해 데이터 처리를 위한 CPU와 GPU를 탑재하여 빠른 기계학습, 이미지 처리, 데이터 저장을 실현한 엣지 컴퓨팅용 디바이스도 등장하고 있습니다.

● 클라우드의 약점을 보완하는 엣지 컴퓨팅

말단 디바이스 가까이에서 데이터를 처리하는 엣지 컴퓨팅은 클라우드와 상호 보완 관계에 있는 기술입니다. 낮은 지연에 따른 실시간 데이터 처리와 높은 신뢰성이 요구되는 상황에 효과적입니다.

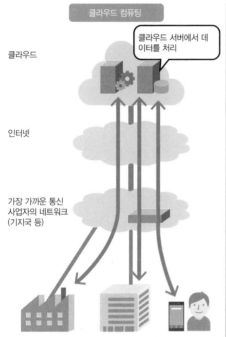

클라우드 서버에서 집중 처리

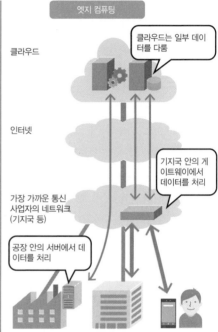

말단 디바이스와 가까운 곳에 위치한
서버에서 분산 처리

● 데이터를 클라우드에서 처리할 경우의 문제점

- 통신 데이터가 늘어나는 만큼 네트워크 대역폭을 많이 소모한다. 또한 회선 이용료 등의 비용이 크게 늘어난다.
- 클라우드 서버와 거리가 많이 떨어져 있는 경우, 응답에 수백 미리 초 정도가 소요될 수 있다.
- 네트워크에 장애가 발생하여 데이터를 처리하지 못하는 경우가 발생할 수 있다.
- 보안 정책이나 클라우드 서비스가 제공되는 국가 및 지역의 사정에 따라 클라우드에 데이터를 보내지 못할 수도 있다.

관련
용어   GPU ▸▸▸ p.90   IoT ▸▸▸ p.182   기계학습 ▸▸▸ p.60   자율주행 자동차 ▸▸▸ p.184

12 하이퍼 컨버지드 인프라스트럭쳐

기업 사용자가 가상화 기반 및 클라우드 기반을 보다 간편하게 도입하기 위한 대안으로, 하이퍼 컨버지드 인프라에 대한 관심이 높아지고 있습니다. 하이퍼 컨버지드 인프라란 클라우드 서비스의 기본 기능을 패키지로 제공하는 제품을 뜻합니다.

컨버지드 인프라란?

하이퍼 컨버지드 인프라를 설명하기에 앞서, 컨버지드 인프라에 관해 설명하겠습니다. 컨버지드(converged)라는 단어에는 '하나로 모은다'라는 뜻이 있습니다. 컨버지드 인프라란, 서버와 네트워크, 스토리지, 소프트웨어(하이퍼바이저 및 운영 관리 도구) 등을 하나의 패키지에 통합한 제품을 뜻하며, 수직 통합 시스템이라고 부르기도 합니다. 컨버지드 인프라는 제조사가 사전에 서버 및 스토리지 등의 호환성을 검증하므로, 최적화된 권장 구성 상태로 출하됩니다. 컨버지드 인프라는 정형화된 구축 방법이 문서화되어 있으므로 단기간에 도입할 수 있으며, 안정적으로 가동할 수 있습니다. 또한, 하나의 패키지 제품으로 문의 창구 및 지원 창구가 일원화되는 등의 장점이 있습니다.

하이퍼 컨버지드 인프라란?

하이퍼 컨버지드 인프라란 소프트웨어 기반의 서버와 네트워크, 스토리지 등의 구성 요소가 통합된 제품입니다. 서버와 네트워크, 스토리지를 모듈 단위로 구성하고, 소프트웨어로 전체 시스템 구성 설정 및 구성 방법을 변경할 수 있는 등 운영 효율성이 우수합니다. 공유 스토리지 대신, 여러 개의 서버를 통합하여 각 서버에 내장된 스토리지로 가상 공유 스토리지를 구축할 수 있습니다. 서버와 스토리지 같은 리소스들의 확장성이 높으며, 백업 소프트웨어 및 WAN 최적화 제품과 같은 컴포넌트들을 추가할 수 있습니다.

하이퍼 컨버지드 인프라 또한, 컨버지드 인프라처럼 하나의 업체 또는 벤더로부터 지원을 받게 되므로 전체를 하나의 시스템으로 관리할 수 있습니다. 또한, 아키텍처가 단순하므로, 사내에 구축된 프라이빗 클라우드에 사용자 관리 포털을 가진 가상화 기반 및 클라우드 기반을 간단한 설정으로 구축할 수 있습니다.

하나 더   하이퍼 컨버지드 인프라 제품은 Nutanix(뉴타닉스)사가 시장을 선도하고 있습니다.

● 컨버지드 인프라와 하이퍼 컨버지드 인프라

컨버지드 인프라는 서버 장비와 네트워크 장비, 스토리지 장비, 관리 장비를 하나로 모아, 업체에서 사전에 검증하여 최적화시킨 제품입니다. 하이퍼 컨버지드 인프라는 컨버지드 인프라와 비슷한 개념을 소프트웨어(가상화)로 제공합니다.

● 간단하고 쉽게 확장할 수 있다는 장점을 가진 하이퍼 컨버지드 인프라

하이퍼 컨버지드 인프라는 서버와 네트워크, 스토리지를 모듈 단위로 구성하고, 소프트웨어로 전체 시스템의 구성 설정 및 구성 방법을 변경할 수 있습니다. 가상 서버의 배치부터 하드웨어와 소프트웨어 업데이트, 동작 검증 등을 통합할 수 있습니다.

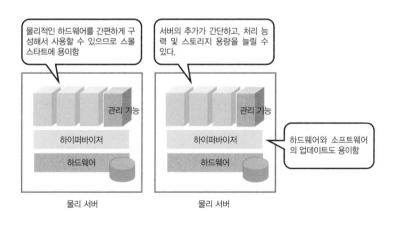

관련
용어   온프레미스 프라이빗 클라우드 ▶▶▶ p.28   프라이빗 클라우드 ▶▶▶ p.26

13 GPU

기계학습 또는 딥러닝(심층학습)을 적용하는 분야가 늘어남에 따라 반도체 메이커인 NVIDIA 등이 개발하는 GPU(Graphics Processing Unit)에 이목이 쏠리고 있습니다. GPU는 원래 빠른 이미지 처리를 위해 개발된 것이지만, GPU를 기계학습/딥러닝 등의 범용 계산에 응용하는 GPGPU(Generalpurpose computing on GPU)가 널리 퍼졌기 때문입니다.

CPU와 GPU의 차이

PC에 탑재된 CPU는 연산을 담당하는 코어를 여러 개에서 수십 개만 가지고 있지만, 분기 예측 등의 기능을 갖춘 명령 처리를 실행하는 회로가 여러 개 있어서 지속적인 조건 분기가 많은 복잡한 명령을 순차적으로 실행하는 능력이 뛰어납니다. 이러한 특징 덕분에 CPU는 OS와 같은 복잡한 프로그램의 처리에 적합합니다.

한편, GPU는 수십에서 수천 개나 되는 코어로 같은 작업을 여러 개의 코어에 할당하여 병렬 처리를 할 수 있기 때문에 많은 양의 간단한 계산을 하는 능력이 뛰어납니다. 이러한 특징에 따라 GPU는 많은 양의 간단한 계산이 요구되는 딥러닝에 적합합니다.

GPU의 활용 분야

GPU는 자율주행 자동차/제조 분야에서의 공장 자동화/게놈 분석을 비롯한 바이오 헬스 케어 분야 등 기계학습/딥러닝을 이용하는 폭넓은 분야에서 슈퍼 컴퓨팅 기반으로 보급되고 있습니다.

일본에서는 지금까지 산업기술총합연구소(産業技術総合研究所) 등의 정부 기관이 연구소 안에 설치하는 AI 전용 슈퍼 컴퓨팅 기반으로 이용해 왔습니다. 최근에는 민간 기업에서도 클라우드 서비스로 제공되는 GPU 서버를 활용하는 사례가 등장하고 있습니다. 일본의 스타트업 기업이며 딥러닝 프레임워크 'Chainer' 등을 오픈 소스로 공개한 Preferred Networks(PFN)는 2017년 9월부터 GPU 서버를 1024기 갖춘 일본 최대 규모의 GPU 클라우드 기반을 이용하기 시작했고, 2019년 7월 기준으로 2560개를 이용하고 있습니다.

● CPU와 GPU의 차이

CPU와 GPU는 뛰어난 성능을 발휘하는 연산 처리가 다릅니다. GPU는 단순하고 방대한 연산 처리가 필요한 컴퓨터 그래픽과 딥러닝 등에서 활약합니다.

CPU

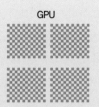

GPU

- 코어(연산 장치)를 수 개에서 수십 개 지니고 있음.
- 분기예측/명령 스케줄링 등의 기능을 가진, 명령을 실행하는 회로를 여럿 가지고 있어서 지속적인 조건 분기가 많은 복잡한 명령의 순차 실행이 특기.
- OS와 같은 복잡한 프로그램의 처리와 범용적인 프로그램의 처리에 적합하다.

- 코어(연산 장치)를 수십 개에서 수천 개 지니고 있음.
- 같은 작업을 여러 개의 코어에 할당하여 병렬 처리를 할 수 있으며, 대량의 간단한 계산 처리가 특기.
- 대량의 간단한 계산이 요구되는 딥러닝, 물리 시뮬레이션 등에 적합하다.

딥러닝의 합성곱 연산의 예 | 입력 데이터(이미지의 경우)에 필터를 적용하면 곱하고 더하는 작업을 순차적으로 실행한다. 딥러닝은 이렇게 간단한 계산을 많이 실행해야 하므로 병렬적인 수치 연산을 고속으로 실행하는 GPU가 필요함.

$(2×0)+(3×1)+(0×2)+(3×2)+(0×0)+(1×1)+(0×1)+(1×2)+(2×0)$

입력 데이터:
2	3	0	0
3	0	1	0
0	1	2	0
0	0	0	0

× 필터:
0	1	2
2	0	1
1	2	0

출력 데이터:
| 12 | 0 |
| 0 | 0 |

 클라우드 서비스 사업자들은 기계학습/딥러닝의 용도 확대에 발맞추어 GPU 컴퓨팅 환경의 제공에 힘을 쏟기 시작했습니다.
AWS와 마이크로소프트, 구글 등 해외의 주요 사업자는 물론, 일본에서는 NTT 커뮤니케이션즈, IDC 프론티어, 사쿠라 인터넷, GMO 클라우드가 GPU를 활용한 클라우드 서비스를 제공하고 있습니다.

관련 용어 기계학습 ▶▶▶ p.60   자율주행 자동차 ▶▶▶ p.184

14 데이터 센터

클라우드 서비스를 지탱하는 서버와 네트워크 장비 등은 안전한 운용에 적합한 건물인 데이터 센터에 설치되어 있습니다. 이 절에서는 일반적인 데이터 센터의 내부가 어떻게 구성되어 있는지를 살펴보겠습니다.

우선, 데이터 센터의 위치로는 지진이나 해일 등의 재해 위험이 적고, 지반이 딱딱한 장소가 선정됩니다. 또한, 대다수의 데이터 센터는 대규모 지진에 대비한 내진, 면진 설계된 건물입니다.

데이터 센터의 건물 내부에는 곳곳에 감시 카메라가 설치되어 있으며, 유인 경비를 포함한 다양한 인증 시스템을 조합하여 출입 관리를 엄격하게 하고 있습니다.

데이터 센터는 클라우드 서비스 기반은 물론 사용자 기업의 중요한 시스템과 데이터를 다루기 때문에 전문 운용 관리자가 24시간 365일 체제로 운용하고 있습니다.

서버와 네트워크 장비 등을 안정적으로 가동하기 위하여, 서버룸은 적절한 냉난방 관리 및 습도 관리가 이루어지며 전력과 통신이 다중화되어 있습니다. 전력 공급을 위해 UPS(무정전 전원 장치)와 자가발전 장치 등을 갖추고 있으며, 재해 등의 사태에도 지속해서 운영할 수 있도록 조처되어 있습니다.

이처럼 데이터 센터는 대량의 서버와 네트워크 장비 등의 운영과 공조 시스템 관리를 위해 엄청난 전력을 소비합니다. 그러나 전기 요금은 계속 올라가는 추세이며 자연환경에 대한 배려가 요구되고 있어 데이터 센터의 공조 시스템과 전원 등의 설비에 대한 에너지 절약 대책이 실행되고 있습니다. 예를 들어, 바깥 공기로 서버를 냉각하는 외기 공조를 채용하는 등의 노력을 통해 공조 시스템이 사용하는 전력량을 줄여 환경 부하를 줄이고 있습니다.

데이터 센터의 전력 효율성을 나타내는 지표로는 PUE(Power Usage Effectiveness)가 있습니다. PUE의 수식은 '데이터 센터 전체의 소비 전력 ÷ IT 기기별 소비전력'이며, 1.0에 가까울수록 전력 효율이 높은 데이터 센터라고 할 수 있습니다. 현재 표준 데이터 센터의 PUE는 1.8에서 2.0 정도입니다.

하나 더 ┃ 인공지능이 발전하면서 방대한 데이터를 초고속으로 처리하기 위한 초고열 서버(최대 발열량: 30kW/랙)를 탑재할 수 있는 데이터 센터도 등장하고 있습니다.

● **클라우드 서비스의 기반을 지탱하는 데이터 센터**

클라우드 서비스의 기반이 되는 물리 서버와 네트워크 장비 등은 데이터 센터에 설치되어 있습니다. 데이터 센터는 재해 시에도 계속 가동할 수 있는 시설을 갖추고 있습니다.

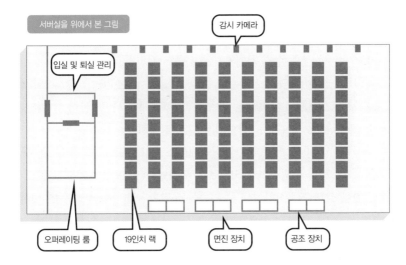

서버실을 위에서 본 그림

감시 카메라

입실 및 퇴실 관리

오퍼레이팅 룸 / 19인치 랙 / 면진 장치 / 공조 장치

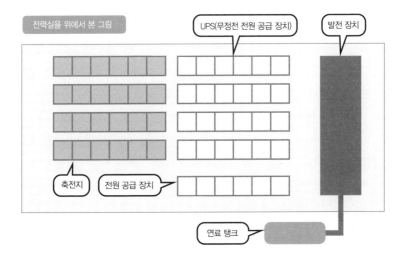

전력실을 위에서 본 그림

UPS(무정전 전원 공급 장치)

발전 장치

축전지 / 전원 공급 장치

연료 탱크

관련
용어   관련 클라우드의 안전성과 신뢰성 ▶▶▶ p.34

Chapter

3

클라우드를 실현하는 기술들

15 서버리스 아키텍처

클라우드 서비스가 보급되면서 빠르고 유연한 컴퓨팅 환경을 셀프서비스형 종량과금 제로 이용할 수 있게 되었습니다.

이러한 환경 속에서 클라우드 사업자가 제공하는 서비스 중에 **마이크로 서비스 아키텍 처**라는 아키텍처 모델이 보급되고 있습니다. 마이크로 서비스 아키텍처는 **하나의 애플리 케이션을 작은 서비스의 집합체로 구축하는 방법**을 말하며, 개별 서비스들이 API(Application Programming Interface)와 같은 간단한 방법으로 연계해서 동작하게 됩니다. 클라우드 사업자가 제공하는 서버와 스토리지, 데이터베이스, 네트워크 등의 서비스는 단독으로 작동하지만, 여러 개의 독립적인 컴퍼넌트로 구성됩니다. 그리고 각 컴포넌트가 서로 느슨하게 결합한 상태로 동작하여 전체 기능을 구현합니다. **기능을 컴포넌트 단위로 나누 어 개발하므로, 클라우드 사업자는 새로운 서비스를 신속하게 개발할 수 있으며 필요에 따라서는 새로운 컴포넌트를 추가하거나 기존의 컴포넌트를 교체할 수 있게 됩니다.**

서버리스 아키텍처

기업 사용자이나 개발자는 마이크로서비스로 구성된 클라우드 서비스의 각 컴포넌트 를 조합하고 API로 연계하므로 독자적인 애플리케이션 개발/서비스 개발/시스템 구축 등이 가능해집니다. 이때의 클라우드 서비스가 **풀 매니지먼트**(환경 구축 및 보안 패치, 백 업 검색 등을 모두 클라우드 사업자가 수행)인 경우, 사용자는 서버의 존재를 전혀 의식 하지 않은 상태에서 애플리케이션을 동작시킬 수 있습니다. 이것을 **서버리스 아키텍처**라 고 부릅니다. 또한 서버리스 아키텍처를 채용한 클라우드 서비스를 FaaS(Function as a Service)라고 부릅니다.

향후에는 클라우드 서비스가 제공하는 다른 컴퍼넌트와 연계하거나 개별 기능을 조 합해서 서비스를 개발하는 방법론과 정보 시스템의 설계/구축 방법론이 보급될 것으로 예상됩니다.

하나 더   FaaS 관련 서비스로는 AWS의 'AWS Lambda', 마이크로소프트의 'Azure Functions', 구글의 'Google Cloud Functions' 등이 있습니다.

● 서버리스 아키텍처란?

'서버리스'란 클라우드 사업자가 서버의 운영과 관리를 모두 담당하므로 기업 사용자의 입장에서 서버의 존재를 의식하지 않아도 된다는 뜻입니다.

온프레미스

서버의 하드웨어와 프로그램을 사용자가 직접 관리

클라우드 가상 서버

서버의 하드웨어는 사업자에게 맡기고, 사용자는 서버 프로그램을 관리

클라우드의 풀 매니지먼트 서비스

서버 하드웨어부터 프로그램까지 클라우드 사업자에게 관리를 맡긴다. 사용자는 서비스가 제공하는 기능의 사용만 집중하면 된다.

서버의 존재를 의식함

서버의 존재를 의식하지 않음

● 클라우드 서비스를 조합하여 애플리케이션을 개발

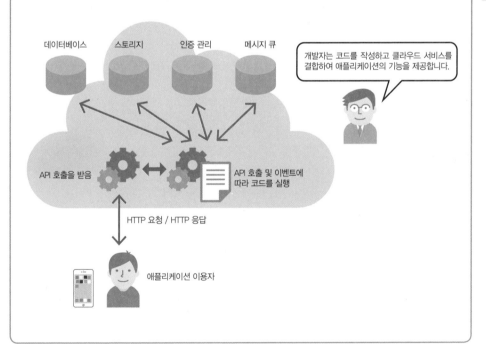

관련
용어   AP ▸▸▸ p.96   클라우드 네이티브 애플리케이션 ▸▸▸ p.108

Chapter

3

클라우드를 실현하는 기술들

API

클라우드 사업자가 제공하는 대다수의 클라우드 서비스에는 API(Application Programming Interface)가 마련되어 있습니다. API는 프로그램이 가진 기능이나 리소스를 외부의 다른 프로그램이 호출하여 이용하기 위한 명령이나 함수, 데이터 형식 등을 정한 규약입니다. 서버와 같은 인프라를 가상화했을 때의 큰 장점 중 하나는 API를 이용하여 프로그램으로 조작할 수 있게 된다는 점입니다.

예를 들어 클라우드 서비스의 경우, 가상 서버에 마련된 API를 사용하여 프로그램을 작성하면 가상 서버의 생성과 정지 같은 조작이 사람의 손을 거치지 않고 프로그램으로 직접 제어할 수 있게 됩니다. API는 가상 서버와 스토리지, 데이터베이스 등의 다양한 서비스에 제공되고 있습니다.

클라우드 서비스에 따라서는 복잡한 API를 조작하기 위한 명령줄 도구와 개발용 SDK(Software Development Kit)가 마련되어 있는 경우도 있습니다. 또한, Amazon API Gateway처럼 다양한 서비스의 기능을 중앙에서 관리할 수 있는 API 게이트웨이가 마련된 경우도 있습니다.

클라우드 사업자는 API를 공개함으로써 서드 파티 프로그램이 보유한 운용 관리 기능 및 보안 기능 등을 API를 통해 연계할 수 있으므로, 기업 사용자의 다양한 니즈에 대응할 수 있습니다.

기업 사용자나 개발자는 API를 이용하여 외부 프로그램으로 클라우드 서비스를 사용하여 시스템의 구축 및 운영 관리를 자동화할 수 있으며, 이는 구축 기간의 단축과 비용 절감, 운용 부하 경감으로 이어질 수 있습니다.

현재, 대다수의 기업 사용자가 여러 개의 클라우드 서비스를 이용하는 하이브리드 클라우드를 채택하고 있지만, 클라우드 관리 플랫폼의 API로 여러 개의 클라우드 서비스를 중앙에서 관리하는 사례도 늘어나고 있습니다.

클라우드 도입을 향해

지금까지 설명한 내용을 바탕으로 기업이 실제로 클라우드 서비스를 이용하여 시스템을 마이그레이션 할 때 어떤 준비가 필요하고, 무엇을 조심해야 하는지를 설명합니다.

01 클라우드를 도입하는 목적을 명확히 한다

클라우드 서비스를 도입하기에 앞서, 클라우드가 자사의 비즈니스 업무에 어떠한 이점을 가져다주는지를 확인하고, 도입 목적을 명확히 정리해야 합니다.

주요 목적으로는 경영 효율성의 향상, 비용 절감, 사업의 확대 및 과제 해결, 업무 프로세스 개선, 새로운 비즈니스 모델 구축, 해외 진출 가속 등을 생각해 볼 수 있습니다. 아래와 같은 관점에서 클라우드의 도입 목적을 명확하게 정리하기를 권합니다.

• 경영 효율성 향상

클라우드 서비스의 도입이 경영의 가시화, 사업 구조 변화 대응성, 회사의 강점에 집중 투자, 운영 관리의 일원화 같은 경영의 효율성 향상에 도움이 되는지를 확인할 필요가 있습니다. 또한, 새로운 사업에 진출할 때에도 클라우드가 유용하게 활용될 수 있습니다.

• 비용 절감

클라우드 서비스를 도입했을 때 어느 정도의 비용을 절감할 수 있는가, 투자 대비 효과가 있는가 등을 검토할 필요가 있습니다.

• 업무 과제의 해결 및 업무 프로세스의 개선

클라우드 서비스의 도입에 따른 개선 효과를 정리해 두기를 권합니다. 예를 들어, 고객 서비스의 대응 속도 개선, 서비스의 출시 속도 개선 같은 과제에 대한 해답이 될 수 있는지를 확인하여 검토하는 것이 좋습니다. 또한, 어떠한 업무 프로세스를 자동화하고 개선할 수 있는지를 고민할 필요가 있습니다. 프로세스 개선에 따른 효과도 검토해 보십시오.

• 직원의 시스템 이용 환경 개선

직원의 시스템 사용 환경이 개선되었을 때의 효과도 검토해 보기를 권합니다. 직원 간의 활발한 정보 공유를 통해 얼마만큼의 직원 간의 협업 강화 효과가 기대되는가, 직원이 고객에게 정보를 제공할 때 얼마만큼의 고객과의 협력 강화 효과가 기대되는가, 파트너사의 서비스 연계 및 공급망을 구축할 때 얼마만큼의 파트너와의 협업 강화 효과가 기대되는가를 각 구성원의 입장에서 검토해 보기를 권합니다.

하나 더 클라우드의 도입 목적과 얻을 수 있는 이점은 경영자, IT 담당자, 직원, 고객, 파트너사와 같은, 각 구성원의 입장에 따라 다릅니다.

● **클라우드를 도입하는 목적을 명확히 한다.**

클라우드 도입은 목적이 아니라 수단입니다. 클라우드의 도입이 자사의 비즈니스에 어떠한 장점이 있는지를 가장 먼저 검토할 필요가 있습니다. 4가지의 주요 장점이 있습니다.

경영 효율성의 향상

Q 경영의 가시화 및 생산성 향상으로 이어지는가?

〈예시〉

• 기업 경영의 제어력 강화
• 매출 상황의 실시간 시각화
• 새로운 비즈니스의 전개를 30일로 단축

비용 절감

Q 얼마만큼의 비용을 절감할 수 있는가?
투자 대비 효과가 있는가?

〈예시〉

• 온프레미스 시스템 대비 3년간 30% 절감
• 해외 거점을 확보해야 할 때, 고급 IT 인재를 고용하지 않아도 됨

업무 과제의 해결 및 업무 프로세스의 개선

Q 어떤 업무의 문제가 해결되는가?
어떻게 업무 프로세스를 자동화하고 향상시킬 수 있는가?

〈예시〉

• 원활한 해외 진출
• 시스템 운영 및 유지 보수의 자동화
• 운영 인력 및 유지 보수 인력을 핵심 업무로 전환할 수 있음

직원의 시스템 이용 환경 개선

Q 직원 간의 정보 공유와 같은 서비스 이용 환경이 개선되는가?
직원과 파트너사와의 협력 강화에 도움이 되는가?

〈예시〉

• 직원이 외부에서 다양한 장치로 업무 시스템에 액세스할 수 있다

관련 용어   클라우드의 이용 패턴 ▶▶▶ p.162   대기업에서의 활용 ▶▶▶ p.40   중소기업에서의 활용 ▶▶▶ p.38

Chapter **4** 클라우드 도입을 향해

02 클라우드를 도입할 때의 추진 체제

클라우드 서비스를 도입할 때에는, IT 부서가 주도적으로 도입(마이그레이션) 계획을 세워서 프로젝트의 체제를 정비한 후에 실행하는 것이 중요합니다.

프로젝트의 추진자의 역할

클라우드 도입 프로젝트를 시행할 때에는 CIO(최고 정보 책임자) 등의 IT 부서 책임자가 클라우드 도입 프로젝트의 추진자를 임명하고, 그 추진자의 주도 아래 도입(마이그레이션) 계획부터 프로젝트 관리까지 담당합니다.

프로젝트 추진자는 CEO(최고 경영자), CSO(최고 보안 책임자), CFO(최고 재무 책임자) 등 경영진에게 경영적 측면, IT 보안적 측면, 재무적 측면에서 설명할 필요가 있습니다.

프로젝트의 추진자는 각 사업부와의 의견 교환도 담당해야 합니다. 클라우드 서비스를 도입했을 경우 다양한 혜택을 기대할 수 있지만, 지금까지의 정보 시스템을 쇄신해야 하는 경우가 많으므로, 업무 내용의 변경 및 자사에 시스템을 보유하지 않는다는 리스크, 보안 리스크와 같은 다양한 이유로 도입에 반대하는 저항 세력이 생길 수 있습니다. 따라서 추진자는 전체 사업부와 충분하게 의견을 교환하고, 도입을 추진해야 합니다.

IT 부서는 지금까지 각 사업부에서의 요구와 사양 요구 사항에 맞추어 시스템을 구축하고 유지 보수하는 것이 주된 업무였으리라 생각합니다. 클라우드의 도입을 추진할 때에는 지금까지 해 왔던 수동적인 업무의 연장선상에서 생각할 것이 아니라, 도입 프로젝트 전체의 주체가 되어 사업부서의 업무 개선 및 새로운 사업의 전개를 적극적으로 지원해 나가는 것이 중요할 것입니다.

또한, 지금까지 설명한 정규 노선과는 별도로 영업부와 총무부 등의 각 사업부들이 자체적으로 판단하여 사업부의 재량으로 SaaS를 도입하는, 이른바 '섀도우 IT' 라 부르는 케이스도 드물지 않게 발견됩니다. 클라우드 서비스를 도입할 때에는 IT 부서가 각 사업부들과 연계하여 전사적인 정보 시스템 최적화 및 운영 관리의 확실한 일원화를 단행해야 할 것입니다.

하나 더   최근에는 빅 데이터 활용과 디지털 비즈니스 전략을 추진하는 책임자를 가리켜 CDO(최고 데이터 책임자, 최고 디지털 책임자)라고 부릅니다.

● **클라우드 도입은 IT 부서가 주도적으로 진행한다.**

클라우드를 도입하면 다양한 혜택이 기대되지만, 기존 정보 시스템의 쇄신을 병행해야 하는 경우가 많습니다. 따라서 추진자가 중심이 되어 경영진과 각 사업부와의 조정 업무를 병행 추진해 나가는 것이 중요합니다.

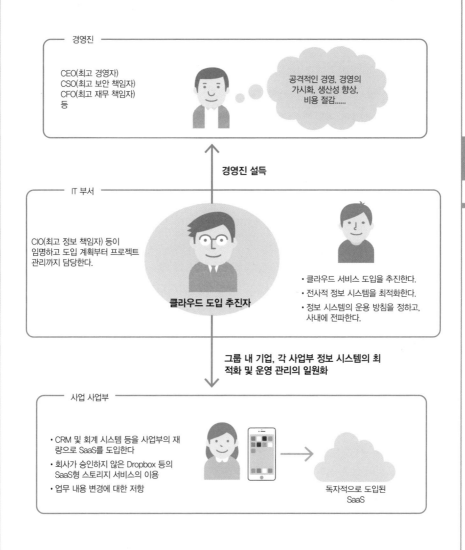

경영진

CEO(최고 경영자)
CSO(최고 보안 책임자)
CFO(최고 재무 책임자)
등

공격적인 경영, 경영의 가시화, 생산성 향상, 비용 절감......

경영진 설득

IT 부서

CIO(최고 정보 책임자) 등이 임명하고 도입 계획부터 프로젝트 관리까지 담당한다.

클라우드 도입 추진자

• 클라우드 서비스 도입을 추진한다.
• 전사적 정보 시스템을 최적화한다.
• 정보 시스템의 운용 방침을 정하고, 사내에 전파한다.

그룹 내 기업, 각 사업부 정보 시스템의 최적화 및 운영 관리의 일원화

사업 사업부

• CRM 및 회계 시스템 등을 사업부의 재량으로 SaaS를 도입한다
• 회사가 승인하지 않은 Dropbox 등의 SaaS형 스토리지 서비스의 이용
• 업무 내용 변경에 대한 저항

독자적으로 도입된 SaaS

관련
용어   IT 부서 ▶▶▶ p.106

03 클라우드로의 이행 과제를 정리한다

제1장에서 설명했듯이 클라우드에는 다양한 장점이 있지만, 실제로 기업 사용자의 정보 시스템을 클라우드 서비스로 전환하려고 하면 다양한 과제에 직면하게 됩니다.

어떤 시스템을 클라우드 서비스로 전환할 것인가, 지금까지 축적한 데이터를 어떻게 마이그레이션 할 것인가, 또한 마이그레이션 할 시스템과 사내의 기존 정보 시스템을 어떤 기술을 사용하여 어떻게 연계할 것인가, 연계하고 통합하는 것은 기술적으로 가능한가에 대한 요구 사항을 검토해 나갈 필요가 있습니다.

클라우드로 마이그레이션을 할 때 자주 마주치는 과제들

클라우드로 마이그레이션을 할 때 자주 마주치는 과제가 온프레미스 시스템을 클라우드 서비스의 가상 서버로 마이그레이션 할 경우의 대응입니다. 예를 들어, ERP처럼 고성능의 고가용성 시스템이 필요한 소프트웨어를 클라우드 서비스로 이용하려면 클라우드 측에 빠른 스토리지가 필요합니다. 또한, 클라우드 서비스와 회사를 연결하는 네트워크에 부하가 걸리기 때문에 광대역 네트워크 서비스를 선택하거나, 통신 지연을 최소화하기 위해 물리적으로 가까운 리전의 클라우드 서비스를 선택하는 등의 대응도 필요합니다.

온프레미스 시스템에서 사용하던 소프트웨어 라이선스를 클라우드 서비스에서 사용할 수 없는 경우도 있습니다. 현행 소프트웨어 라이선스로 마이그레이션이 가능한지, 마이그레이션 이후에도 문제없이 동작하는지 미리 확인해야 합니다. 클라우드 서비스로 전환할 수 없는 시스템이 있는 경우에는 클라우드 서비스와 온프레미스 시스템의 하이브리드가 될 가능성이 있습니다. 이 경우 시스템의 연계 구조가 복잡해지므로 대응해야 할 공수가 늘어나 운용비용이 소요되는 리스크가 있을 수 있습니다.

클라우드 서비스로 전환하기에 앞서, 다양한 과제를 파악하고 검증하고 그것들을 클리어한 후에 도입을 추진하는 것이 바람직할 것입니다. 모든 시스템을 한 번에 전환하는 것은 어려울 수 있으므로 오피스 애플리케이션이나 그룹웨어 등의 정보 공유 시스템 도구부터 도입하고, 업무 내용과 직접 관련된 판매 및 재고 관리, 재무 등을 취급하는 기간계 시스템 영역의 마이그레이션을 추진하는 것이 일반적입니다.

하나 더   온프레미스 시스템에서 대량의 데이터를 클라우드로 빠르게 이동시키기 위한 스토리지 100 어플라이언스를 사용하여 데이터를 이동시킨 사례도 나오고 있습니다.

● **클라우드 서비스로 마이그레이션 할 때의 고려 사항**

- 어떤 시스템을 클라우드 서비스로 전환할 것인가?
- 지금까지 축적한 데이터를 어떻게 마이그레이션 할 것인가?
- 마이그레이션에는 어떤 기술을 사용할 것인가?
- 기존 시스템과 어떻게 연계시킬 것인가?
- 연계와 통합은 기술적으로 가능한가?

● **온프레미스 시스템을 클라우드의 가상 서버로 마이그레이션 할 경우의 과제**

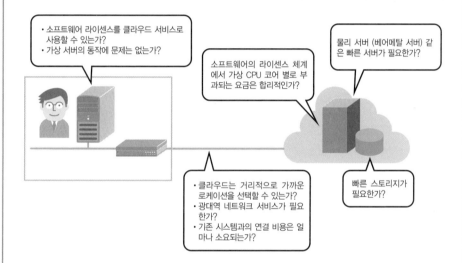

- 소프트웨어 라이센스를 클라우드 서비스로 사용할 수 있는가?
- 가상 서버의 동작에 문제는 없는가?

소프트웨어의 라이센스 체계에서 가상 CPU 코어 별로 부과되는 요금은 합리적인가?

물리 서버 (베어메탈 서버) 같은 빠른 서버가 필요한가?

- 클라우드는 거리적으로 가까운 로케이션을 선택할 수 있는가?
- 광대역 네트워크 서비스가 필요한가?
- 기존 시스템과의 연결 비용은 얼마나 소요되는가?

빠른 스토리지가 필요한가?

● **서버의 용도에 따른 요구 조건**

소프트웨어 개발 및 실행에 필요한 성능

서버의 증가 및 CPU 처리 능력 상승 시의 유연성

기간 시스템용 서버

개발용 애플리케이션 서버   업무용 애플리케이션 서버   고성능, 안정된 퍼포먼스

04 도입에서부터 자사 시스템 최적화까지의 로드맵

클라우드 서비스를 도입할 때에는 그 도입 효과를 명확히 하고 장기적인 확장을 고려하여 설계해야 합니다. 또한, 자사 시스템의 최적화까지 염두에 둔 로드맵을 구상하는 것이 중요합니다. 로드맵을 생각한 시점에 느낌이 올 것이라 생각합니다. 그래서 이 절에서는 클라우드 서비스의 도입부터 자사 시스템 최적화에 이르는 전형적인 단계를 소개합니다.

우선 자사에서 사용하는 정보 시스템의 활용 상황을 밝히고, 정보 시스템의 표준화를 진행합니다. 구체적으로는 사내에서 사용하는 정보 시스템의 하드웨어, OS, 소프트웨어, 데이터 등을 통일하는 작업에 착수합니다.

다음으로 사내 이곳저곳에서 운용되고 있거나, 리소스가 낭비되고 있는 서버나 스토리지 등을 통합합니다. 그때, 서버 가상화를 통한 서버의 가동 효율 향상을 추진합니다. 클라우드로의 전환이 자사의 운영 방침 상 불가능한 경우라 하더라도, 온프레미스 시스템 안에서의 서버 통합 및 가상화에 대한 대응을 진행하는 것이 좋을 것입니다.

그렇게 클라우드 서비스의 도입을 진행해 나갑니다. 클라우드 도입에는 다양한 효과가 있지만, 특히 시스템 구축의 셀프 서비스화 및 운영의 자동화에 따른 운영 담당자의 업무 감소 등이 예상됩니다.

기업의 정보 시스템에서 클라우드 서비스를 이용하게 되면, 인터넷 VPN을 구축하거나 IP-VPN이나 전용선 같은 폐역 네트워크를 채용하는 등 클라우드의 이용을 전제한 네트워크 설계가 중요해집니다. 클라우드 중심의 네트워크 설계가 추진됩니다.

기업의 정보 시스템에 온프레미스 시스템과 퍼블릭 클라우드, 프라이빗 클라우드 환경이 섞이게 되면, 이러한 클라우드를 연계하는 하이브리드 클라우드화가 진행됩니다.

하이브리드 클라우드화가 진척되면 서버 및 스토리지 등의 IaaS 계층은 물론, 데이터베이스, 보안 등 다양한 클라우드 서비스와 연계되기 시작합니다. 그 결과, 시스템의 전체 최적화, 기업 그룹 차원의 공통 플랫폼으로의 활용과 같은 최적화가 진행됩니다.

> **하나 더** 클라우드 도입을 위한 네트워크 최적화의 목적으로는 보안성 향상과 트래픽 용량 확대, 네트워크 성능 향상 등을 들 수 있습니다.

● **클라우드 서비스의 장기적인 확장을 고려한 로드맵 예시**

클라우드의 도입은 자사 정보 시스템의 형태를 크게 바꾸는 계기가 됩니다. 클라우드 도입 전과 후, 무엇을 할지 로드맵을 생각해 둡시다.

1 정보 시스템의 표준화

자사에서 사용하는 정보 시스템의 하드웨어, OS, 소프트웨어, 데이터 등의 통일을 진행합니다.

2 서버와 스토리지의 통합 / 서버 가상화

이곳저곳에 분산되어 운용되고 있거나, 리소스가 낭비되고 있는 서버와 스토리지를 통합합니다. 그때, 서버 가상화를 함께 검토합니다.

3 클라우드화

클라우드 서비스의 도입을 진행합니다.

4 네트워크의 적정화

클라우드와 온프레미스 연결과 같은 클라우드를 중심에 둔 네트워크의 설계와 구축을 진행합니다.

5 클라우드와 클라우드의 연계, 클라우드와 온프레미스의 연계(하이브리드 클라우드화)

온프레미스 시스템과 클라우드의 연계를 진행합니다.

6 기업 그룹 전체 시스템의 최적화

하이브리드 클라우드 최적화, 기업 그룹 차원의 공통 플랫폼으로의 이용과 같은 전체 최적화를 진행합니다.

Chapter

4

클라우드 도입을 향해

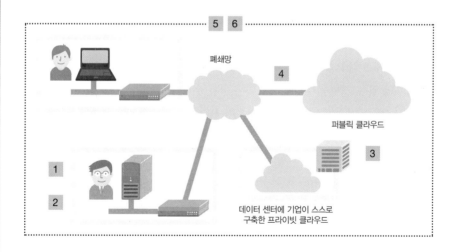

관련
용어
인터넷 VPN ▶▶▶ p.82   온프레미스 시스템 ▶▶▶ p.30   서버 가상화 기술 ▶▶▶ p.68
전용선 연결 ▶▶▶ p.118   하이브리드 클라우드 ▶▶▶ p.118

05 클라우드로 변화하는 IT 부서의 역할

지금까지의 기업 사용자의 정보 시스템은 ERP와 같은 기간 시스템과 사내 업무 시스템처럼 사전에 예측된 정보량을 처리하는 시스템이었습니다. 이를 SoR(Systems of Record : 기록을 위한 시스템)이라고 합니다. 이러한 기반이 기존에는 온프레미스 시스템에서 제공되고 있었지만, 기존 사업의 업무 효율화와 비용 절감을 목적으로 **정상성, 안정성, 내구성 등의 요구 사항을 만족하면서 클라우드로 마이그레이션 되고 있습니다.**

한편, 정보 시스템은 IoT와 인공 지능(AI), Fintech, 마케팅 자동화 등의 새로운 비즈니스 기반으로서의 역할이 요구되고 있습니다. 이러한 목적을 가진 시스템을 SoE(Systems of Engagement : 사람이나 물건에 관여하는 시스템)라고 합니다. 최근에는 SoE의 도입으로 새로운 비즈니스를 창출하고 고객 경험의 개혁을 지원하려는 움직임이 가속화되고 있습니다. 이러한 새로운 비즈니스는 정보 처리량과 부하를 사전에 예측할 수 없는 경우가 많으며, 사업 자체의 전망도 예측할 수 없습니다. 그래서 **리소스를 빠르게 조달할 수 있으며 유연하게 확장할 수 있는 클라우드 서비스를 이용하고 API를 활용한 자동 구축, 자동 운영이 강점인 클라우드에 최적화된 시스템이 요구되고 있습니다.**

SoR과 SoE 모두에 대한 대응이 요구되는 시대로 접어들다

기업 사용자의 IT 부서의 역할이 기존의 SoR을 중심으로 한 시스템 관리 업무뿐만 아니라, SoE에 의한 **IT를 활용한 새로운 서비스를 개시하는 방향으로 바뀌고 있습니다.** 게다가, 사업부의 업무 개혁을 주체적으로 지원하기 위해 **사업부와의 파트너 체제를 구축해 나가는 역할이 요구되고 있습니다.** 또한, 기존의 시스템은 계속적으로 이용할 수 있도록 하면서 새로운 비즈니스에 대한 대응을 강화한다는 두 개의 요구 사항에 대응할 수 있는 정보 시스템의 기반 정비가 중요한 임무가 되고 있습니다.

그러기 위해서는 SoR과 SoE 모두를 지원하는 클라우드 서비스를 채택하여 자사의 정보 시스템의 전체 최적화를 도모하려는 노력이 기업 사용자의 IT 부서에게 중요해질 것입니다.

하나 더   모든 것이 디지털화되어(SoE가 대표적) 기존 비즈니스 모델의 전환 또는 새로운 비즈니스의 창출로 이어지는 흐름을 가리켜 '디지털 트랜스포메이션' 이라고 부르고 있습니다.

● **IT 부서에게는 2종류의 시스템에 대한 대응이 요구되고 있다**

기업 사용자에서는 기존의 업무를 위한 정보 시스템뿐만 아니라, 새로운 서비스를 시작하기 위한 정보 시스템의 구축이 요구되고 있습니다.

기존의 시스템

중시하는 것

정상성	안정성	견고성

SoR(System of Record)
기록을 위한 시스템

목적

- 회계, 인사, 생산, 판매 등 기간 시스템
- 사내 업무 시스템
- 기존 사업의 업무 효율화
- 비용 절감

특징

- 사전에 예측한 양을 처리하는 인프라
- 명령줄 또는 GUI를 사용하여 수동 구축
- 운영 및 관리는 수동으로 수행

클라우드 시스템

중시하는 것

신속성	유연성	확장성

SoE(System of Engagement)
사람과 사람의 관계에 집중하는 시스템

목적

- IoT, 빅 데이터 분석, 인공 지능(AI)
- 새로운 비즈니스의 기반
- 새로운 비즈니스의 창출
- 고객 경험의 개혁

특징

- 처리량과 부하에 따른 신축성 있는 인프라
- API로 자동 구축
- 운영과 관리를 자동으로 수행

앞으로의 IT 부서의 역할은
- 기존 시스템을 최신 기술 위에서 지속해서 이용할 수 있게 한다.
- 새로운 비즈니스 창출을 위한 기반을 정비한다.
라는 2개의 역할과 클라우드의 적극적인 활용이 열쇠가 됩니다.

관련 용어	API ▶▶▶ p.96	IoT ▶▶▶ p.182	온프레미스 시스템 ▶▶▶ p.30	인공지능 ▶▶▶ p.60
	디지털 트랜스포메이션 ▶▶▶ p.126			

Chapter

4

클라우드 도입을 향해

06 클라우드 서비스에 대응하는 각종 애플리케이션

기업 사용자의 정보 시스템에서 실행되고 있는 애플리케이션을 기존 시스템에서 작동시킬 것인지, 클라우드에 최적화된 시스템에서 작동시킬 것인지를 판단하는 관점에서 정리합니다. 클라우드와 비교하기 위해서, 4-5절에서 소개한 SoR 방식의 기존 시스템을 '트레디셔널(전통적인 방식)'이라고 부르도록 하겠습니다.

트레디셔널 애플리케이션

기업의 온프레미스 시스템에서 운용하고 있는 기존 시스템 및 개별 서버에서 운영 및 관리되고 있으며, 각각의 시스템별로 커스터마이즈 된 애플리케이션을 말합니다. 대다수의 트레디셔널 애플리케이션은 클라우드 서비스로 이용할 수 있는 가상 서버의 라이센스를 지원하지 않습니다. 클라우드 서비스로 전환하는 경우라도 물리 서버(베어메탈 서버)를 채택할 수 있습니다.

클라우드 대응형 트레디셔널 애플리케이션

설계 사상이 트레디셔널 애플리케이션과 같지만, 프라이빗 클라우드 또는 클라우드 사업자의 클라우드 서비스에서 구축 및 운용을 할 수 있는 애플리케이션입니다. 트레디셔널 애플리케이션과 비교했을 때, 클라우드 서비스에 의해 전사적인 일원화 관리가 가능하므로 전체 최적화 및 비용 절감 등으로 이어갈 수 있습니다.

클라우드 네이티브 애플리케이션

클라우드 서비스에서의 이용을 전제하여 SoE에 따른 API를 기반으로 설계된 애플리케이션이므로, 외부 서비스와 원활하게 연계할 수 있습니다. 또한, API를 활용한 애드온(확장 기능) 개발도 쉽고, 개발 및 운영이 하나 된 운영 관리(DevOps)도 가능합니다.

기업의 정보 시스템이 클라우드로 전환되고 있는 가운데, 앞으로는 클라우드 대응형 트레디셔널 애플리케이션과 클라우드 네이티브 애플리케이션을 전제한 정보 시스템을 설계, 구축, 운영하는 사례가 늘어날 것입니다.

하나 더 | 시장 조사 업체의 예측에 따르면 클라우드 서비스의 확산으로 인해 트레디셔널 애플리케이션이 감소하고, 클라우드 네이티브 애플리케이션이 증가할 것으로 예상하고 있습니다.

● **애플리케이션은 클라우드에 대한 대응 정도에 따라 3가지로 나뉜다.**

기업 사용자의 정보 시스템에서 동작하는 애플리케이션은 기존 시스템에서 작동하는지, 클라우드에 최적화된 시스템에서 작동하는지에 따라 3가지로 나눌 수 있습니다.

클라우드 네이티브 애플리케이션

| 특징 |

- 마이크로 서비스, API 퍼스트로 설계된 애플리케이션
- DevOps를 통한 운영과 관리

| 전통적인 애플리케이션과 비교했을 때의 장점 |

- 시장에 대응할 수 있는 기동성, 유연성

클라우드 대응 트레디셔널 애플리케이션

| 특징 |

- 프라이빗 클라우드 및 클라우드 사업자의 클라우드 서비스 위에서 운용되는 기존의 시스템
- 트레디셔널 애플리케이션과 같은 설계 사상
- ITIL에 의한 운용 관리

| 트레디셔널 애플리케이션과 비교했을 때의 장점 |

- 전체 최적 비용 절감, 업무 효율화

트레디셔널 애플리케이션

| 특징 |

- 기업에서 온프레미스로 운용되고 있는 기존 시스템과 각종 서버들
- ITIL에 의한 운용 관리

> ITIL은 IT Infrastructure Library의 약자로서, 선진적인 IT 운영 기업의 운영 노하우가 정리된 지침을 뜻합니다. IT 서비스는 사내에서 제공하는 것이 전제되고 있습니다.

트레디셔널 형 ←─────────────────────→ 클라우드 최적형

관련
용어   API ▶▶▶ p.96   DevOps ▶▶▶ p.124   SoE ▶▶▶ p.106   SoR ▶▶▶ p.106   마이크로 서비스 ▶▶▶ p.94

Chapter

4

클라우드 도입을 향해

07 클라우드 사업자를 선정할 때의 고려 사항

클라우드 사업자를 선정할 때에는 다양한 점들을 고려해야 합니다.

• 셀프 서비스형인가? API를 제공하는가?

클라우드 서비스에는 포털 사이트를 통해 셀프서비스로 컴퓨팅 자원을 유연하게 확장하거나 축소할 수 있고, 널리 사용되는 API를 통해 다른 사업자와 서비스 연계가 가능하다는 점 등 표준화된 서비스를 이용할 수 있음이 전제되어야 합니다.

• 서비스에 비전이 있는가?

클라우드 사업자의 경쟁 환경은 어려워지고 있으며, 사업에서 철수하거나 서비스를 중지하는 사례도 나오고 있습니다. 클라우드 사업자의 미래 비전을 확인하여 사업 연속성이 보장되며, 신뢰할 수 있는 서비스를 선정하는 것이 중요합니다.

• 도입 메리트가 있는 서비스를 제공하고 있는가?

클라우드 서비스 도입에 따른 업무 개선 및 비용 절감뿐만 아니라, 새로운 비즈니스에 대한 대응 등 자사의 사업 전개의 이점으로 이어질 서비스를 제공하고 있는지를 판별할 필요가 있습니다.

• 서비스에 대한 정보를 적극적으로 공개하고 있는가?

클라우드 서비스와 기능, API 레퍼런스, 요금 정보, FAQ 및 고장 정보, 시스템 디자인 패턴 사례 등의 최신 정보를 웹 등에 공개하고 있는지를 확인해 보십시오.

• 널리 사용되고 있는 소프트웨어 기술을 채택하고 있는가?

Amazon이나 마이크로소프트처럼 독자적인 기술로 서비스를 제공하는 사업자나, VMware나 OpenStack처럼 시장 점유율이 높은 소프트웨어 기술을 채택한 사업자를 선택하는 것이 고급 활용 사례나 노하우를 공유할 수 있다는 점에서 유리합니다.

• 제 3자 인증 및 운영 지원 시스템을 갖추었는가?

클라우드 보안에 관한 국제 규격인 'ISO/IEC 27017' 같은 신뢰할 수 있는 제 3자 인증을 취득한 사업자나, 고장이 났을 때 신속한 대응이 가능한 운용 지원 시스템을 충실하게 갖춘 사업자를 선정하는 것이 안전/안심 서비스 이용에 중요한 요소입니다.

> 하나 더   클라우드 사업자를 선정할 때에는 자사와 도입 목적이 유사한 기업 사용자의 도입 사례와 시스템 구성 사례도 참고하기를 권합니다.

● 클라우드 사업자 선정의 포인트

표준화된 서비스를 제공하는가?	셀프 서비스형, API를 제공함
서비스 사업자에게 비전이 있는가?	기업 체력, 서비스의 비전
서비스에 도입 메리트가 있는가?	업무 프로세스 개선, 비용 절감, 새로운 비즈니스에 대한 대응으로 이어갈 수 있는 서비스를 제공하고 있는가?
서비스 정보를 공개하는가?	서비스와 기능, API 레퍼런스, 요금 정보, FAQ, 고장 정보, 시스템 구축 사례 등
널리 사용되는 기반 기술을 채택했는가?	AWS, Microsoft Azure VMware, OpenStack 등
제 3자 인증과 지원 시스템을 갖추었는가?	ISO/IEC 27017, PCI-DSS 등

스스로 시스템 자원을 조달하고 관리하는 셀프 서비스형 서비스가 아니라 시스템 인티그레이터에게 위임하는 서비스도 있습니다. 클라우드의 장점을 살리기 위해서는 셀프서비스가 바람직합니다.

● 클라우드 사업자의 보안에 관한 제 3자 인증

클라우드 사업자는 클라우드 서비스의 보안 대책의 실시 상황을 기업 사용자에게 어필하기 위해 타사 전문가에 의한 감사를 수반하는 제 3자 인증을 취득하고, 자사 서비스의 웹 사이트 등을 통해 공개하고 있습니다.

클라우드 관련 주요 제 3자 인증

이름	설명
ISMS 인증(JIS Q 27001)	정보 보안 경영 시스템의 적합성 인증 제도
개인 정보 보호 마크(JIS Q15001)	개인 정보의 적절한 보호 조치를 강구하는 체제가 정비된 사업자의 인증 제도
QMS(JIS Q 9000)	품질에 관하여 조직을 지휘하고 관리하기 위한 품질 경영 시스템
ITSMS(JIS Q20000)	조직이 효과적이고 효율적으로 관리된 IT 서비스를 실시하기 위한 프레임워크를 확립하고, 시스템을 운영하는 IT 시스템 매니지먼트
ISO/IEC27001 : 2013	보안 관리의 모범 사례와 포괄적인 정보 보안 통제를 규정한 보안 관리 표준
ISO/IEC 27018 : 2014	클라우드 서비스의 개인 정보 보호에 관련된 제어 대상의 규제 등이 규정되어 있음
ISO/IEC 27017 : 2015	클라우드 사업자의 클라우드 보안 관리 방법 체계가 규정되어 있음
PCI DSS	개인 정보 및 거래 정보 등 신용 카드 정보 보호를 규정한 제도
SOC1, SOC2, SOC3	Service Organization Controls라고 부름. 보안 및 가용성에 대한 내부 통제 평가를 보증하는 평가 기준
ASP · SaaS 안전 · 신뢰성에 관한 정보 개시 인정 제도	안전 · 신뢰성의 정보 공개 기준을 충족한 ASP · SaaS 등의 서비스를 인정하는 제도

관련 용어   API ▶▶▶ p.96   OpenStack p.78   셀프 서비스 ▶▶▶ p.16   클라우드 디자인 패턴 ▶▶▶ p.128
클라우드 서비스 장애시 대응 ▶▶▶ p42

08 클라우드 인티그레이터에게 의뢰하기

기업 사용자의 클라우드 도입이 가속화되고 있는 가운데, IT업계에서는 SI(시스템 인티그레이션)에서 CI(클라우드 인티그레이션)로 이동하는 움직임이 진행되고 있습니다.

지금까지의 IT업계는 SI 방식에 따라 개별적으로 합의한 요구 사항에 부합하는 기업의 시스템을 수주하여 개발/구축함으로써 이익을 얻고 있었습니다. 수익 구조적인 면에서는 시스템의 수탁 개발 및 구축, 운영 및 유지 보수비용 등의 공정을 대가를 받는 것이 일반적이었습니다. 그러나 클라우드 서비스의 보급으로 인해 개발 및 구축 시에 많은 수익을 창출하는 지금까지의 제조형 SI 비즈니스에 먹구름이 드리워지기 시작했습니다. 그래서 각 SI 회사들은 정액제 또는 종량제로 서비스를 제공하여, 장기적으로 지속적인 수익을 창출하는 서비스 형 비즈니스 모델을 도입하기 시작했습니다.

클라우드 인티그레이터를 통한 시스템의 구축과 운용

이러한 배경 속에서 기업 사용자는 SI 업체들에 시스템의 구축과 운용을 의뢰하는 것이 아니라, 기업 사용자를 대상으로 클라우드 서비스 기반의 시스템 구축과 운용을 담당하는 클라우드 인티그레이터에게 의뢰하는 사례가 늘어나고 있습니다.

클라우드 인티그레이터는 Amazon.com이나 마이크로소프트 등의 대형 클라우드 사업자와 연계하여 기업 사용자의 클라우드 이용 용도와 요구에 따라 컨설팅부터 다른 클라우드 서비스 및 솔루션과 조합하는 등 기업 사용자의 시스템 구축에서 운용까지 지원하는 역할을 담당합니다.

중소기업 규모의 클라우드 인티그레이터라도 대형 클라우드 서비스를 무기로 사업 전개가 가능하므로, EC 사이트 기반의 구축뿐만 아니라 대기업의 기간 시스템 구축과 같은 대형 안건도 다루고 있습니다. 기업 사용자는 자사의 정보 시스템에 클라우드 서비스의 도입 검토 및 구축, 유지보수 모두를 클라우드 인티그레이터에게 의뢰하는 방법을 선택할 수도 있을 것입니다.

하나 더 2019년 3월 시점에 일본에서 AWS의 CI를 다루는 최고의 프리미어 컨설팅 파트너로는 Classmethod와 Serverworks 등 8개사가 있습니다.

● **도입 검토 및 구축, 유지 보수를 외부 업체에 맡기는 방법도 있다.**

클라우드 인티그레이터는 기업 사용자의 요구에 따라, 다양한 클라우드 서비스 및 솔루션을 결합하여 기업 사용자의 시스템 구축과 운용 모두를 지원합니다. 클라우드 인티그레이터는 크게 4가지의 서비스를 제공하고 있습니다.

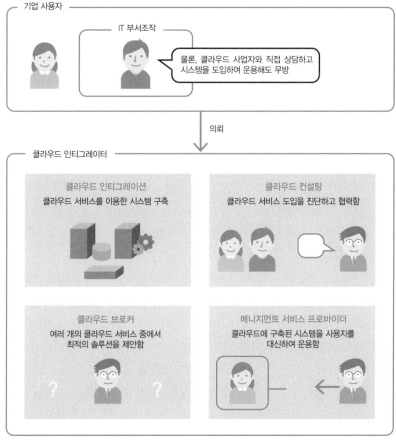

기업 사용자

IT 부서조작

물론, 클라우드 사업자와 직접 상담하고 시스템을 도입하여 운용해도 무방

의뢰

클라우드 인티그레이터

클라우드 인티그레이션
클라우드 서비스를 이용한 시스템 구축

클라우드 컨설팅
클라우드 서비스 도입을 진단하고 협력함

클라우드 브로커
여러 개의 클라우드 서비스 중에서 최적의 솔루션을 제안함

메니지먼트 서비스 프로바이더
클라우드에 구축된 시스템을 사용자를 대신하여 운용함

대부분의 클라우드 인티그레이터는 Amazon Web Services, Microsoft Azure, Google Cloud Platform 등 주요 클라우드 서비스를 주력으로 취급하고 있습니다.

Chapter
4
클라우드 도입을 향해

관련 용어

Amazon Web Services ▸▸▸ p.130   클라우드 사업자 ▸▸▸ p.128   클라우드 솔루션 ▸▸▸ p.160

09 온프레미스 시스템에서 클라우드로의 마이그레이션

4-4절에서는 클라우드 도입부터 자사 시스템 최적화까지의 로드맵을 소개했습니다. 이 절에서는 범위를 클라우드로의 마이그레이션 작업으로 좁히고, 그 흐름을 설명합니다.

기업 사용자가 온프레미스 시스템을 클라우드로 마이그레이션 함에 있어서는 기존 온프레미스 시스템의 현황 조사와 전체 방침의 책정, 효과 검토, 계획 책정 단계를 거치게 됩니다.

구체적인 검토 내용

클라우드로 마이그레이션 하기에 앞서서는 다양한 검토가 필요합니다. 먼저, 해당 프로젝트의 실시 요건과 그 프로젝트의 목표를 명확히 하고 프로젝트 구성원과 공유합니다.

경영진이 요구되는 요건과 클라우드의 도입 시기, 실현 항목의 우선 순위 등을 확정합니다. 각 사업소별 정보 시스템의 현황 조사를 하고, 사내에 남길 시스템과 클라우드로 마이그레이션 할 시스템, 필요한 클라우드 서비스의 요구 사항 등 실현할 사항과 요구 사항을 명확하게 정리합니다.

클라우드 활용을 전제로 한 자사의 시스템 전체 정책(바람직한 모습의 모델)을 책정하여, 실제 시스템 구성의 설계 및 전체 일정을 수립합니다. 동시에, 이 모델을 도입했을 경우의 TCO(Total Cost of Ownership, 총 소유 비용)를 현재의 시스템과 비교하여 ROI(투자 대비 효과)를 검토하는 등 실현했을 때의 효과를 검증합니다.

마이그레이션 및 도입 단계에서는 실제 서버에서 실행 중인 시스템을 가상 서버에 전환할 때 사용하는 도구의 검토, 이행 절차의 수립, 각 작업의 역할 분담 등을 실시합니다. 사내에서 사용하는 애플리케이션이 라이센스 문제로 마이그레이션 할 수 없거나, 가상 서버로는 성능이 충분하지 않은 경우도 있으므로 사전에 완전히 작동하는지 확인하는 작업도 필요합니다. 온프레미스에서 클라우드로의 마이그레이션은 시스템의 규모 및 업데이트 시기, 주변 시스템과의 연계 등에 따라 그 소요 기간이 수년 단위가 되는 경우도 있습니다. 시스템의 현황을 파악한 후에 마이그레이션 해 나가는 것이 바람직할 것입니다.

● **온프레미스에서 클라우드로의 전형적인 마이그레이션의 흐름**

클라우드로의 마이그레이션에는 다양한 검토가 필요합니다. 프로젝트의 체제를 정비하고 클라우드의 검토/마이그레이션/도입 작업을 차례대로 수행합니다.

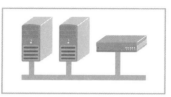

클라우드화 검토	

현황 조사
각 사업소별 정보 시스템의 현황 조사

전체 방침의 책정
클라우드 활용을 전제한 기반 개선시의 '바람직한 모델'을 수립

효과 검토
현황 조사 결과와 전체 방침을 근거로 총 소유 비용의 비교, 투자 대비 효과의 검토를 시행

마이그레이션/도입	

클라우드 마이그레이션 계획 수립
RFI(정보 제공 요청서), RFP(제안 요청서) 작성. 마이그레이션 방식 및 도구의 검증, 마이그레이션 절차의 작성, 역할 분담의 정리를 시행

클라우드 마이그레이션
온프레미스의 클라우드로의 마이그레이션을 시행

> 시스템의 규모에 따라서는, 클라우드화에 대한 검토부터 마이그레이션까지 수년이 걸릴 수도 있습니다. 시스템을 갱신할 때의 타이밍과 주변 상황에 좌우된다고 하는 것이 현실적일 것입니다.

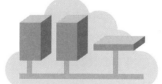

Chapter

4

클라우드 도입을 향해

---

10 클라우드를 적재적소에 사용한다

이후에 매우 높은 신뢰성과 성능, 가용성이 요구되는 시스템까지 클라우드 도입을 진행하려면 퍼블릭 클라우드로는 대응할 수 없는 수요가 수면 위로 떠오르게 됩니다. 그때에는 호스티드 프라이빗 클라우드와 같은 여러 개의 클라우드 서비스들을 적재적소에 사용하게 되리라고 생각됩니다.

클라우드로 마이그레이션이 가능한 시스템, 불가능한 시스템

시스템을 리뉴얼 할 때, 클라우드를 먼저 고려하는 '클라우드 퍼스트'의 흐름이 대세가 되고 있습니다만, 그에 앞서 클라우드 서비스로 전환할 수 있는 시스템과 마이그레이션 할 수 없는 시스템의 구분 작업이 필요합니다.

예를 들어 사용자의 이용 횟수가 적은 기존 업무 시스템, 공장 시스템에 일체화된 생산 시스템 등은 클라우드 서비스로의 전환이 어려운 경우가 많아 온프레미스 시스템에 남겨두는 경우도 많습니다.

또한, 사내에서 운영하던 업무 애플리케이션이 가상 서버 환경의 성능 문제로 작동하지 않는 경우라던가 온프레미스의 라이센스를 클라우드 서비스로 전환할 수 없는 문제가 발생하는 경우도 있습니다. 따라서 온프레미스 시스템에서 사용하고 있던 업무 애플리케이션의 라이센스를 클라우드 서비스로도 전환할 수 있도록 제공하는 BYOL(Bring Your Own License) 같은 흐름도 진행되고 있습니다.

성능과 라이센스 문제에 대처하기 위해 가상 서버 환경 대신에 데이터 센터 내에 물리적 서버를 설치하거나, 호스티드 프라이빗 클라우드와 같은 개별 시스템 환경을 구축하는 사례도 있습니다.

그 외에도 클라우드 서비스 위에 특정 업무 애플리케이션이 제대로 작동하는지 사전에 확인할 수 있도록 그 업무 애플리케이션을 온프레미스에서 클라우드로 마이그레이션하는 최적의 방법을 제공하고, 공유하는 움직임도 가시화되고 있습니다.

기업 사용자는 사용 용도에 맞게 온프레미스에 남길 시스템과 최적의 클라우드 서비스를 선택하여 해법을 찾아 나가는 것이 중요할 것입니다.

● 온프레미스와 퍼블릭 클라우드를 특성에 맞게 적재적소에 사용한다

클라우드에는 다양한 장점이 있지만, 어떠한 시스템이라도 클라우드화가 가능한 것은 아닙니다. 퍼블릭 클라우드는 물론 호스팅과 하우징, 프라이빗 클라우드를 구분해서 사용하게 될 것입니다.

온프레미스의 장점

퍼블릭 클라우드의 장점

- 개별 요구 사항에 따라 시스템을 유연하게 사용자 정의할 수 있다.
- 시스템의 모든 것을 자사에서 관리할 수 있다.
- 데이터의 저장 장소를 특정할 수 있다.

- 준비된 인프라를 활용하여, 시스템을 빠르게 구축할 수 있다.
- 종량제로 이용할 수 있다.
- 시스템의 확장과 축소가 쉽다.

● 클라우드로의 전환이 어려운 시스템의 예

- 사용자의 이용 빈도가 적은 기존의 업무계 시스템
- 공장 시스템과 일체화된 생산계 시스템 등

● 하이브리드 클라우드의 이용 패턴 예

기존 시스템과의 연계	데이터베이스는 온프레미스에 남겨두고, 클라우드 위의 애플리케이션 서버에서 이용하는 등
업무 시스템별로 구분	개별 업무 시스템마다 온프레미스와 클라우드를 구분하는 등
애플리케이션 연계	SaaS 애플리케이션과 온프레미스 애플리케이션을 API로 연계하는 등

Chapter

4

클라우드 도입을 향해

관련
용어
API ▶▶ p.96   SaaS ▶▶ p.20   온프레미스 시스템 ▶▶ p.30   데이터 센터 ▶▶ p.92
퍼블릭 클라우드 ▶▶ p.26   호스티드 프라이빗 클라우드 ▶▶ p.28

11 하이브리드 클라우드의 구성

하이브리드 클라우드를 구성하는 경우, 네트워크와 클라우드 관리 플랫폼, 애플리케이션 사이의 연계가 필요하게 됩니다.

네트워크 연결을 통한 연계

하이브리드 클라우드를 구성할 때에는 클라우드 서비스와 데이터 센터(호스티드 프라이빗 클라우드 등), 온프레미스 시스템을 VPN 망 또는 전용선으로 연결합니다.

그때 가장 많이 사용하는 것이 AWS와 Microsoft Azure 같은 퍼블릭 클라우드 서비스와 기업 사용자가 이용하는 프라이빗 클라우드 등을 전용선으로 연결하는 접속 서비스입니다('AWS Direct Connect' 나 'Azure ExpressRoute'). 이를 통해 기업 사용자는 온프레미스와 퍼블릭 클라우드 서비스 사이를 보안성이 확보된 낮은 레이턴시의 환경을 구축해서 이용할 수 있습니다. 특히 기간계 시스템과 같은 중요한 시스템을 클라우드로 마이그레이션하는 경우에 이러한 네트워크 연결을 통한 연계가 많이 이용되고 있습니다.

클라우드 관리 플랫폼을 사용한 통합

여러 개의 클라우드 서비스를 포털 화면으로 API를 통해 관리하고 제어할 수 있는 클라우드 관리 플랫폼도 많이 등장하고 있습니다.

대부분의 클라우드 관리 플랫폼은 AWS, Microsoft Azure, VMware vSphere, OpenStack 등과 연계가 가능하므로 여러 개의 클라우드 서비스를 효율적으로 관리하기 위한 선택지 중의 하나가 될 것입니다.

애플리케이션 연계

지금까지는 온프레미스로만 이용할 수 있었던 애플리케이션이 많았습니다. 그러나 지금은 클라우드 서비스에서의 이용이 전제된 클라우드 네이티브 애플리케이션이 제공되고 있으므로, 여러 개의 클라우드를 사용하는 애플리케이션의 연계로 발전해 나가리라 예상됩니다.

하나 더　기업 사용자가 기간계 시스템, 개발 기반처럼 목적에 따라 다양한 클라우드 서비스를 적재적소에 선택해서 사용하는 구성을 '멀티 클라우드'라고 부르기도 합니다.

● 클라우드와 클라우드, 온프레미스 시스템과 클라우드를 네트워크로 연결하여 연계

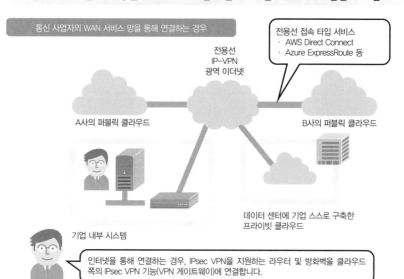

통신 사업자의 WAN 서비스 망을 통해 연결하는 경우

전용선 접속 타입 서비스
· AWS Direct Connect
· Azure ExpressRoute 등

전용선
IP-VPN
광역 이더넷

A사의 퍼블릭 클라우드

B사의 퍼블릭 클라우드

데이터 센터에 기업 스스로 구축한
프라이빗 클라우드

기업 내부 시스템

인터넷을 통해 연결하는 경우, IPsec VPN을 지원하는 라우터 및 방화벽을 클라우드
쪽의 IPsec VPN 기능(VPN 게이트웨이)에 연결합니다.

● 클라우드 관리 플랫폼으로 여러 개의 클라우드를 통합

A사의 퍼블릭 클라우드

B사의 퍼블릭 클라우드

클라우드 관리 플랫폼(AWS,
Microsoft Azure, VMware
vSphere, OpenStack 등에 대응)

프라이빗 클라우드

● 여러 개의 클라우드에서 동작하는 애플리케이션 사이의 연계

〈애플리케이션 연계 사례〉

애플리케이션 개발에 A사의 클라우드를 사용, 정보계 시
스템에 B사의 클라우드를 사용, ERP(통합 기간 업무 시
스템) 등의 기간계 시스템에 프라이빗 클라우드를 연계하
여 이용

12 하이브리드 클라우드의 다양한 연계

하이브리드 클라우드는 4-11절에서 설명한 내용 외에도 다양한 분야에서의 연계가 있을 수 있습니다.

클라우드 기반 소프트웨어의 통일

기업 사용자의 온프레미스와 프라이빗 클라우드, 퍼블릭 클라우드 서비스 환경을 같은 소프트웨어로 통일하여 운영 관리하려는 니즈가 있습니다. 예를 들어, VMware로 프라이빗 클라우드 환경을 구축한 기업이 Vmware 기반의 퍼블릭 클라우드 서비스와 연계하여 하이브리드 클라우드를 구성하는 사례도 늘어날 것입니다.

사용자 ID 연계

보안성과 편의성 향상을 목적으로 여러 개의 클라우드 서비스 ID를 연계하여 사용자 관리와 사용자 인증을 하려는 니즈도 있습니다. 한 번의 인증으로 여러 클라우드 서비스를 이용할 수 있게 하는 싱글 사인온을 구현하는 ID 연계(페더레이션) 서비스 또한 많이 등장하고 있습니다.

클라우드를 통한 백업과 이중화 구성

서비스 비즈니스 연속성을 높이기 위해 클라우드를 통한 백업 및 이중화 구성을 통해 가용성을 높이는 사례도 늘어나고 있습니다.

하이브리드 클라우드의 주의점

하이브리드 클라우드를 구성하면, 여러 개의 클라우드를 다루는 만큼 보안 위험이 커집니다. 클라우드 간의 통신 경로의 보안 확보, 보안 정책의 통일 등 보안 수준의 통일을 도모하는 작업도 필요할 것입니다.

또한 하이브리드 클라우드는 회선 비용/ID의 연계/보안 대책 등으로 비용이 많이 들수 있습니다. 따라서 개별 구성요소의 최적화가 아니라 전체 시스템의 최적화를 염두에 두고 운영과 관리를 구상해야 할 것입니다.

● **클라우드 기반 소프트웨어를 통일**

클라우드 기반 소프트웨어를 통일해서 사용하면 리소스 모니터링이 간편해지고 시스템의 이식성도 증가합니다.

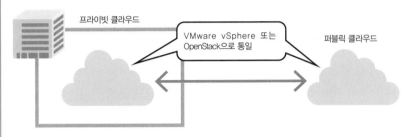

● **여러 클라우드 서비스의 ID를 연계**

ID 연계 서비스를 이용하면, 사용자가 여러 개의 클라우드 서비스(예 : Office365, Salesforce, Google Apps 등)와 자사의 비즈니스 애플리케이션의 인증을 한 번의 로그인으로 처리할 수 있습니다.

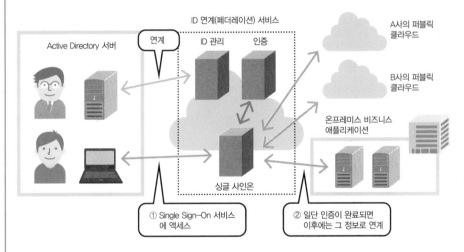

● **서비스 비즈니스 연속성을 높이기 위한 백업과 이중화 구성**

관련
용어   OpenStack ▶▶▶ p.78   퍼블릭 클라우드 ▶▶▶ p.26   프라이빗 클라우드 ▶▶▶ p.26

Chapter **4** 클라우드 도입을 향해

13 하이브리드 클라우드 운용 관리의 일원화

업무 애플리케이션의 특성과 취급하는 데이터의 중요도 등에 따라 당분간은 적재적소에 여러 개의 클라우드를 구분하여 사용하는 추세가 지속될 것으로 보입니다. 여러 클라우드를 사용할 때에는 운영과 관리가 복잡해질 수 있으며, 보안 위험이 커질 수 있다는 점이 과제로 남습니다. 따라서, 여러 개의 클라우드를 통합적으로 운영 관리는 물론, 운영 관리의 시각화에도 배려가 필요합니다.

하이브리드 클라우드를 통합적으로 관리하고 운용하는 수단으로서 클라우드 관리 플랫폼의 도입을 고려할 수 있습니다. 클라우드 관리 플랫폼을 사용하면 여러 개의 클라우드 서비스 API를 사용하여 포털 화면을 통해 서버의 작동 환경 및 운용 상황 등의 구성 관리, 운영 관리 통합이 가능해집니다.

클라우드 관리 플랫폼을 도입하면 여러 클라우드 서비스들의 가동 상황을 시각화할 수 있게 됩니다. 따라서 운영 효율성 향상, 운영 관리의 일원화 및 운영 자동화에 따른 비용 절감, 나아가 인력 운영의 절감 효과도 기대할 수 있습니다.

대표적인 클라우드 관리 플랫폼은 'RightScale', 'VMware vRealize Suite', 'CloudForms(Red Hat)', 'Hinemos(NTT 데이터)', '클라우드 관리 플랫폼(NTT 커뮤니케이션즈)' 등이 있습니다.

운영 관리 면에서의 IT 부서의 역할

앞으로의 IT 부서에는 여러 클라우드를 적재적소에 채용하여 각 사업 부서에 서비스를 제공하는 역할은 물론, 효율적인 통합 관리에 대한 대응이 요구되게 될 것입니다.

4-2절에서 각 사업 부서에서 재량껏 클라우드를 도입하는 '섀도우 IT'가 문제가 되는 점을 소개했습니다만, '섀도우 IT'를 계기로 IT 부서가 전략적으로 전사적인 클라우드 도입을 추진하는 사례도 등장하고 있습니다.

IT 부서는 각 사업 부서가 사용하는 클라우드의 목적을 이해하고, '섀도우 IT'에 빠지지 않도록 전사적인 클라우드의 이용 상황을 파악하고 있어야 합니다. 그리하여 보다 전략적으로 공격적인 자세로 클라우드 도입을 추진함과 동시에, 클라우드 관리 플랫폼을 통한 운용 관리의 일원화를 추진하는 역할이 요구될 것으로 예상됩니다.

● 클라우드의 활용이 진행될 때 발생할 수 있는 문제

클라우드의 이용 형태가 분산되면,
운영 상황의 파악이 매우 곤란해진다.

프라이빗 클라우드　　　　프라이빗 클라우드　　　사업 부서가 독단적으로 도입한
퍼블릭 클라우드

수작업으로 가상 서버를 설정하게 되면,
사람에 따라 결과물이 달라진다.　　　클라우드 거버넌스의 문제

● 클라우드 관리 플랫폼으로 문제를 해소

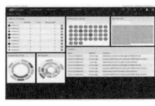

관리자는 클라우드 전체를
파악하면서 운용. 가상 서
버의 설정을 일원화하여
관리를 자동화

프라이빗 클라우드　　　A사의 퍼블릭 클라우드　　　B사의 퍼블릭 클라우드

대표적인 클라우드 관리 플랫폼
• RightScale　• VMware vRealize Suite　• CloudForms　• Hinemos　• 클라우드 매니지먼트 플랫폼

관련
용어　API ▶▶▶ p.88　클라우드 관리 플랫폼 ▶▶▶ p.62　섀도우 IT ▶▶▶ p.98　하이브리드 클라우드 ▶▶▶ p.116

14 개발과 운영의 통합(DevOps)

DevOps란 Development(개발) 및 Operation(운영)이 함께 협력하여, 완성도 높은 소프트웨어를 더욱 신속하게 만들어가는 문화를 말합니다. 지금까지는 서비스를 개발하는 부서와 운영하는 부서의 요구에는 트레이드 오프(trade off)가 발생하거나 보이지 않는 벽이 생기기 일쑤였습니다. 개발 부서는 고객의 니즈에 부응하는 최신 애플리케이션과 서비스를 빠르게 제공하기를 원하지만, 운영 부서는 고객에게 불편을 끼치지 않는 안정적인 운영을 원하기 때문입니다. 그러나 최근에는 새로운 서비스의 빠른 시장 투입이 요구되고 있어, 개발과 운영의 콜라보레이션(협업)이 중요시되고 있습니다.

DevOps에 이목이 쏠리는 배경

DevOps에 이목이 쏠리는 배경으로는 '개발 방법', '클라우드', '자동화'라는 3가지 요소를 들 수 있습니다. 개발을 할 때는 서비스의 전체 그림을 확정한 후에 개발을 진행하는 것이 아니라, 서비스의 전체 그림 안에서 결정된 부분을 먼저 개발해서 배포하는 개발 속도 우선적인 방법을 취합니다.

또한, 애플리케이션의 테스트 환경을 확장해야 하거나 IT 인프라를 바꿔야 하는 상황이 자주 발생하므로 개발자 스스로 서버와 스토리지를 생성하거나, OS 또는 미들웨어의 설정을 바꾸는 경우가 늘어나고 있습니다. 개발할 내용을 작게 쪼개고, 그것의 구현과 테스트를 반복해가며 전체 시스템을 개발해 나가는 개발 방법을 애자일(agile)이라고 합니다. 이러한 것이 가능해진 이유는 AWS, OpenStack 등의 셀프 포털을 통한 클라우드(IaaS) 환경이 보급되어, 애플리케이션 개발/운영환경을 지원하는 PasS 서비스와 컨테이너 서비스가 완비되었기 때문입니다.

운영 부서에서는 클라우드의 도입으로 서버 환경을 조달하는 부담이 줄어들었기 때문에, 운영 담당자가 서버의 설정 등을 대신하게 되었습니다. 또한, 철저한 자동화를 통해 많은 수의 서버를 소규모 인원으로 운용할 수 있게 되어, 운영 부서의 리소스를 개발 부서로 이전하는 움직임이 두드러지고 있습니다.

현재는 개발과 운영을 따로 담당하는 경우가 많지만, 클라우드 서비스가 더욱 널리 퍼지면 개발과 운영을 통합하는 DevOps 개념을 도입하는 사례가 늘어날 것입니다.

● DevOps란?

DevOps란 개발 부서(Development)와 운영 부서(Operation)가 협력하여, 더욱더 빠르게 완성도 높은 소프트웨어를 만들어 가고자 하는 문화입니다.

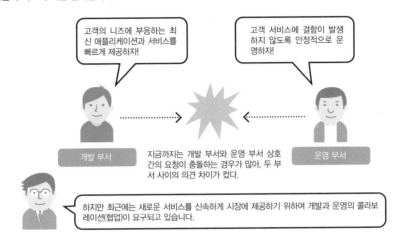

> 고객의 니즈에 부응하는 최신 애플리케이션과 서비스를 빠르게 제공하자!

> 고객 서비스에 결함이 발생하지 않도록 안정적으로 운영하자!

개발 부서

지금까지는 개발 부서와 운영 부서 상호 간의 요청이 충돌하는 경우가 많아, 두 부서 사이의 의견 차이가 컸다.

운영 부서

> 하지만 최근에는 새로운 서비스를 신속하게 시장에 제공하기 위하여 개발과 운영의 콜라보레이션(협업)이 요구되고 있습니다.

● 클라우드의 보급과 함께 DevOps에 이목이 쏠리고 있는 배경

- 폭포수형 개발방법 대신, 점진적인 개선을 반복하는 애자일 개발방법과 서비스를 작고 빠르게 시작해서 고객의 반응에 따라 개량을 거듭하는 린 스타트업이 유행.

- 서비스 제공 업체가 전 세계에 퍼져 있다.

사용자의 눈높이에서 서비스를 개발하고 운영한다

개발 부서

- IaaS/PaaS 타입 서비스가 완비되어, 개발자 스스로 애플리케이션 개발을 준비하거나 프로덕션 환경에 쉽게 디플로이(배포와 인스톨)할 수 있게 되었다.

운영 부서

- 시장의 속도에 맞춘 변화 적응형 인프라 운용에 따라 효율적인 배포와 운영 자동화가 가능해졌다.

관련
용어

애플리케이션 개발 시의 활용 ▶▶▶ p.168
스타트업에서의 활용 ▶▶▶ p.170

클라우드 네이티브 애플리케이션 ▶▶▶ p.108

Chapter

4

클라우드 도입을 향해

디지털 트랜스포메이션이란?

최근 기업을 둘러싼 외부 환경은 크게 바뀌고 있습니다. 그런 가운데 기업들은 기존의 사업에서 탈피하여 새로운 가치를 창조하도록 요구받고 있습니다.

그 중심에는 '디지털 트랜스포메이션(Digital Transformation)'이라는 시도가 있습니다. 이는 클라우드와 빅 데이터, AI, IoT 등의 디지털 기술을 활용한 새로운 제품이나 서비스, 새로운 비즈니스 모델을 통해 온라인과 오프라인 양쪽에서 고객 경험의 변혁을 꾀해 새로운 가치를 창출하고, 경쟁 우위를 확립하는 것을 말합니다.

지금까지 IT의 활용 목적은 업무의 효율화를 통한 생산성 향상과 비용 절감이 우선이었습니다. 하지만, 디지털 트랜스포메이션에서는 고객의 니즈에 부응한 편의를 확충하여 새로운 가치와 서비스를 창출하는 고객 중심의 비즈니스 전략으로의 전환을 중요하게 여깁니다.

기업은 디지털 트랜스포메이션에 의해 지금까지의 고객 및 외부 파트너와의 관계와 배달 모델, 수익 모델도 크게 바뀔 가능성이 있습니다.

미국을 비롯한 선진국에 비해 디지털 트랜스포메이션을 향한 대처가 늦어지고 있다는 지적이 있지만, 앞으로는 디지털 변환을 축으로 한 조직문화의 변화, 혁신과 협력을 만들어내는 조직 구조 변화에 대한 요구가 한층 더 강해질 것입니다.

실제로 디지털 혁신 추진실 등을 설치하고 전사적인 노력을 하는 경우도 있지만, 부문별로 대응하고 있는 경우도 많습니다. 또한 기업의 IT 시스템 부서가 전사적인 클라우드와 디지털 활용의 추진 조직이 새로운 서비스를 개발하는 혁신을 담당하도록 요구받고 있습니다. 사업 부문이 요구하는 사양에 따른 시스템 구축/데이터 분석에 의한 업무 개혁의 주체적 실시 등 사업 부문과의 제휴 체제를 구축과 트랜스포메이션의 병행이 중요해지고 있습니다.

클라우드 서비스 사업자

전 세계적으로 많은 수의 사업자가 클라우드 서비스를 제공하고 있습니다. 이 장에서는 클라우드 서비스 사업자별 특징과 제공하는 서비스의 개요, 주요 이용 용도 등에 관해 설명합니다.

01 클라우드 서비스를 제공하는 사업자

현재 퍼블릭 클라우드 서비스로는 Amazon.com의 'Amazon Web Service (AWS)', 마이크로소프트의 'Microsoft Azure', 구글의 'Google Cloud Platform (GCP)' 등이 풍부한 서비스 메뉴와 규모의 경제(스케일 메리트)를 살려 글로벌 시장을 크게 선도하고 있습니다. 이러한 클라우드 사업자를 하이퍼 스케일 클라우드 사업자라고 부르기도 합니다.

IBM은 'IBM Cloud'를 개시하고 2018년 10월에는 Red Hat의 인수를 발표하는 등, 앞서가는 하이퍼 스케일 클라우드 사업자의 뒤를 쫓고 있습니다. 또한 최근에는 알리바바 그룹이 개시한 'Alibaba Cloud' 등 중국의 사업자가 아시아 태평양 지역을 중심으로 점유율을 크게 확대하고 있습니다. 이들 사업자의 서비스는 대규모 웹 서비스 구축과 빅 데이터 분석, IoT/AI 기반 구축, 시스템 기반 구축 등 다양한 영역을 커버하고 있습니다.

일본의 사업자 중에서는 통신/ISP 사업자인 NTT 커뮤니케이션즈와 KDDI, 소프트뱅크, 통신/ISP 서비스와의 연계를 강점으로 내세운 IIJ가 기업용 클라우드 서비스를 제공하고 있습니다. 또한 후지쯔와 NEC 등은 SI 사업자의 노하우를 살려 클라우드 서비스 및 클라우드 기반 솔루션 사업을 펼치고 있습니다. 기간계 시스템처럼 보안과 커스터마이징이 필요한 환경을 클라우드로 구축한다면 이러한 사업자들의 서비스를 고려해볼 만합니다.

IDC 프론티어, 사쿠라 인터넷, GMO 클라우드, 빅로브 등은 웹 서비스나 게임 기반, IoT 기반, SaaS 기반 등 특정 분야에 강점을 가진 서비스를 전개하고 있습니다. 특정한 목적을 위해 클라우드 서비스를 심플하게 이용하고자 한다면, 이러한 사업자의 서비스가 적합할 것입니다.

클라우드 서비스를 이용할 경우, 목적과 용도에 맞는 서비스를 선택해서 하이브리드 클라우드/멀티 클라우드 환경을 구축하는 것이 일반적입니다. 또한 클라우드 서비스, 관리 서비스, 클라우드 관리 플랫폼, 보안 서비스, 네트워크 서비스 등을 포함한 전체 시스템을 최적화하는 운영이 중요합니다.

● **하이퍼 스케일 클라우드 사업자와 그 외의 많은 사업자가 서비스를 제공하고 있다**

현재의 클라우드 서비스 시장은 하이퍼 스케일 클라우드 사업자가 주도하고 있지만, 다른 사업자들도 각각의 강점을 살려 다른 업체와의 차별화를 꾀하고 있습니다.

해외의 클라우드 사업자

하이퍼 스케일 클라우드 사업자

Amazon.com

마이크로소프트

구글

IBM

알리바바

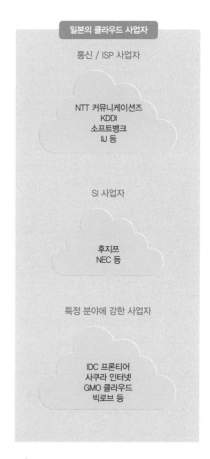

일본의 클라우드 사업자

통신 / ISP 사업자

NTT 커뮤니케이션즈
KDDI
소프트뱅크
IIJ 등

SI 사업자

후지쯔
NEC 등

특정 분야에 강한 사업자

IDC 프론티어
사쿠라 인터넷
GMO 클라우드
빅로브 등

최근에는 사용 목적과 용도에 맞는 서비스를 도입하여 하이브리드 클라우드/멀티 클라우드 환경을 구축하는 경향이 있습니다. 한 곳의 사업자 또는 하나의 클라우드 서비스에 의존하는 '클라우드 락 인'에 빠지지 않도록 유연하게 사업자를 선택해서 언제든 이전할 수 있도록 대비하는 자세가 필요합니다.

Chapter

5

클라우드 서비스 사업자

관련 용어   클라우드 관리 플랫폼 ▶▶▶ p.122   클라우드 사업자 선정 ▶▶▶ p.110   하이브리드 클라우드 ▶▶▶ p.118

02 Amazon.com의 클라우드 서비스

Amazon.com은 Amazon Web Services(AWS)라는 클라우드 서비스를 제공하고 있습니다. AWS는 2006년에 서비스를 시작한 이래, 세계에서 가장 많이 이용하는 퍼블릭 클라우드 서비스입니다. 전 세계 20개 이상의 리전(지리적으로 떨어진 독립된 영역)과 60개 이상의 가용 영역(각 리전 안에 1개, 혹은 그 이상 설치된 독립적인 데이터 센터)을 운영하고 있습니다.

AWS는 가상 서버, 스토리지와 같은 IaaS 타입 서비스는 물론, 데이터베이스, 스트리밍, 분석 서비스, 모바일 서비스, IoT 및 AI를 위한 서비스까지 다양한 서비스를 제공하고 있습니다. 또한 매년 새로운 기능과 서비스가 추가되고 있으며, 서비스도 개선되고 있습니다.

대표적인 서비스로는 Amazon EC2(가상 서버), Amazon S3(클라우드 스토리지), Amazon RDS(관계형 데이터베이스 서비스) 등이 있습니다. 이 외에도 Docker 컨테이너를 실행하고 관리하는 Amazon Elastic Container Service, 인터넷에 연결된 디바이스와 클라우드의 안전한 연결을 돕는 AWS IoT, 기계학습(딥러닝) 기능을 서비스로 사용할 수 있는 Amazon Machine Learning, 로봇과 관련된 애플리케이션을 개발하기 위한 AWS RoboMaker 등이 있습니다.

지금까지는 AWS를 대부분 웹 사이트나 소셜 게임, 빅 데이터 분석, 스마트폰용 애플리케이션을 서비스하는 용도로 사용하는 경우가 대부분이었습니다. 현재는 기업 사용자의 사내 시스템용 VMware의 가상 환경을 AWS에서 구축하고 실행하는 클라우드 서비스 VMware Cloud on AWS가 출시되어 ERP(통합 기간 업무 시스템)를 비롯한 기간계 시스템 이용도 확대되는 추세입니다. 보안 및 컴플라이언스(규제 준수) 등을 포함한 엔터프라이즈 서비스 기능도 충실히 갖추고 있습니다.

AWS는 데이터베이스와 분석 서비스, 보안 및 애플리케이션 개발, 모바일 서비스 등 다양한 목적을 위한 서비스를 충실히 갖추고 있으므로 활용 용도에 따라 최적의 시스템과 서비스를 설계할 수 있습니다.

하나 더 국내 AWS 사용자들은 AWS한국사용자모임(AWSKRUG) 등에서 기술 정보 등을 공유하며 활발히 교류하고 있습니다.

● Amazon.com의 'Amazon Web Services(AWS)' 의 개요

AWS는 세계에서 가장 많은 사람들이 이용하는 퍼블릭 클라우드 서비스입니다. 그래서 사례와 노하우를 쉽게 구할 수 있으며, 매년 무서운 기세로 새로운 서비스 추가, 기능 확장, 개선이 이루어지고 있습니다.

주요 서비스 라인업

분석	애플리케이션 통합	증강현실 및 가상현실	AWS 비용 관리	블록체인
• 데이터 분석 • Hadoop 프레임워크 • 고속 검색 서비스 • 실시간 스트리밍 분석 등	• 분산 애플리케이션 조정 • 메시지 큐 • 푸시 알림 등	• AR, VR 애플리케이션의 구축과 실행	• 비용과 사용 현황 분석 등	• 블록체인 네트워크의 생성 및 관리 • 원장 데이터베이스

비즈니스 애플리케이션	컴퓨팅	고객 인게이지먼트	데이터베이스	개발자 도구
• Alexa • 온라인 회의 • E메일 및 일정 관리	• 가상 서버 • 컨테이너 • 가상 전용서버 • 오토 스케일링 • 서버리스 컴퓨팅 등	• 콜센터 등	• RDB • NoSQL DB • 인메모리 캐시 • 데이터 웨어하우스 등	• 개발 및 배포 통합 관리 • Git 저장소 • 빌드 및 테스트 • 코드 배포 자동화 등

최종 사용자 컴퓨팅	게임 기술	사물 인터넷	Machine Learning	관리 및 거버넌스
• 가상 데스크톱 • 스토리지 공유 서비스 등	• 게임용 플랫폼 개발 도구 • 3D 게임 엔진 등	• IoT 플랫폼 • 엣지 컴퓨팅 • IoT 디바이스의 관리 등	• 딥러닝 • 자동 음성 인식 • 언어 번역 • 이미지/비디오 분석 • 예측 등	• 모니터링 • 리소스 관리 • 운영 자동화 • 명령줄 인터페이스 등

미디어 서비스	마이그레이션 및 전송	모바일	네트워킹 및 콘텐츠 전송	로보틱스
• 미디어 변환 • 비디오 스트림의 처리 및 분석 • 동영상 스트리밍 등	• 애플리케이션 마이그레이션 • 데이터베이스 마이그레이션 • 서버 마이그레이션 • 온라인 데이터 전송 등	• 모바일/웹 애플리케이션 구축, 배포 등	• 논리 네트워크 • 고속 콘텐츠 전송 • DNS • 전용선 • 로드 밸런싱	• 로봇 공학 애플리케이션의 개발, 테스트 및 배포

인공위성	보안, 자격 증명 및 규정 준수	스토리지		
• 지상국	• SSO • 위협요소 탐지 • 방화벽 • DDoS 대책 등	• 오브젝트 스토리지 • 블록 스토리지 • 파일 시스템 • 아카이브 • 백업 등		

URL	Amazon Web Services 제품 클라우드 서비스 https://aws.amazon.com/ko/products/

Chapter

5

클라우드 서비스 사업자

관련 용어   Amazon S3 ▶▶▶ p.50   Amazon RDS ▶▶▶ p.54   AWS IoT ▶▶▶ p.58

03 마이크로소프트의 클라우드 서비스

마이크로소프트는 SaaS 타입 클라우드 서비스 Microsoft Office 365와 Microsoft Dynamics 365를 제공합니다. 또한 IaaS/PaaS 타입 클라우드 서비스 Microsoft Azure 도 제공합니다.

Microsoft Azure는 전 세계의 IaaS/PaaS 타입 클라우드 시장에서 AWS의 다음 가는 점유율을 차지하고 있습니다. Microsoft Azure는 크게 IaaS를 제공하는 인프라 스트럭쳐 서비스와 PaaS를 제공하는 플랫폼 서비스의 2계층으로 구성됩니다.

인프라 스트럭쳐 서비스(IaaS)는 Virtual Machines(가상 서버), Azure Files(파일 스토리지), Virtual Network(가상 네트워크) 등으로 구성됩니다.

플랫폼 서비스(PaaS)는 컴퓨팅, 애플리케이션 플랫폼, 개발자 서비스, 통합, 미디어, 분석, 데이터, AI + Machine Learning, 보안, 사물 인터넷, 하이브리드 등으로 구성됩니다. 지금까지는 데이터베이스 관련 서비스인 SQL Database의 이용자가 많았지만, 앞으로 IoT와 AI의 수요가 늘어나면 인터넷에 디바이스를 연결하여 모니터링/제어하는 IoT Hub와 음성 인식/화상 인식 등 수십 가지 서비스의 총칭인 Cognitive Services 등의 이용이 확대될 것으로 예상됩니다.

Microsoft Azure는 제조업, 유통업 등 대기업의 기간계 시스템 플랫폼으로도 보급되고 있습니다. 일본의 대기업은 온프레미스 시스템 환경에서 Windows Server, Hyper-V 등 Microsoft의 소프트웨어를 많이 이용하고 있기 때문에, 온프레미스와 클라우드 서비스의 하이브리드 이용자도 늘어나고 있습니다. Microsoft는 Microsoft Azure 의 기능을 온프레미스 시스템에서 사용할 수 있는 Azure Stack도 제공하고 있습니다. 또한 이전의 마이크로소프트는 자사 소프트웨어 위주의 서비스와 솔루션을 제공했지만, 최근에는 자사의 서비스에 오픈 소스 소프트웨어를 적극적으로 통합하는 등 활발히 연계하고 있습니다.

하나 더 ┃ 마이크로소프트는 자사의 클라우드 서비스와 기술을 사용자에게 해설하고 설파하는 에반젤리스트(Evangelist) 직원의 수가 매우 많습니다.

마이크로소프트 Microsoft Azure의 개요

> Microsoft Azure는 세계에서 AWS 다음으로 시장 점유율이 높은 IaaS/PaaS 타입 클라우드 서비스입니다. Microsoft는 소프트웨어 사업자라는 이미지가 강하지만, 클라우드 사업의 매출이 해마다 큰 폭으로 늘어나고 있습니다.

주요 서비스 라인업

플랫폼 서비스(PaaS)

보안 및 관리
- 통합 보안 관리
- 포털
- SSO
- ID 및 액세스 관리
- 인증
- 프로세스 자동화
- 태스크 스케줄링 서비스
- 암호화 키 및 개인 정보 보호
- 클라우드 소프트웨어의 구매/판매
- Virtual Machines

미디어와 CDN
- 비디오 인코딩/스트리밍
- 미디어 분석
- CDN(Content Delivery Network)

통합
- API 발행/관리/보호/분석
- 통합 솔루션 생성
- 메시징 서비스

컴퓨팅
- 잡 스케줄러 서비스
- 가상 머신 그룹 생성/관리
- Windows 애플리케이션과 데스크톱의 스트리밍
- 개발 환경/테스트 환경

애플리케이션 플랫폼
- 웹 애플리케이션 생성/배포
- API 생성/이용
- 마이크로 서비스 생성/운영
- 모바일 애플리케이션 생성/운영
- 모바일 푸시 알림
- 서버리스 아키텍처

개발자용 서비스
- Visual Studio
- 코드 공유, 작업 추적, 소프트웨어 출하
- 애플리케이션 모니터링
- 모바일 앱의 정보 수집/시각화
- Xamarin
- 모바일 앱 개발/배포/베타 테스트

데이터
- SQL Server 호환 데이터베이스
- 데이터 웨어하우스
- NoSQL 데이터베이스
- SQL Server 데이터베이스를 Azure로 확장하기
- Redis 서비스
- NoSQL 키 밸류 스토어
- 클라우드 검색 서비스

인텔리전스
- 감정 인식, 비디오 분석, 얼굴 인식, 음성 인식 등
- 챗봇 구축
- 코타나

분석 및 IoT
- Hadoop, Spark, Kafka 서비스
- 기계학습 모델 구축/트레이닝/배포
- 실시간 데이터 분석
- 데이터 카탈로그
- 분석 작업 서비스
- 데이터 레이크
- IoT 접속/모니터링/관리
- 데이터 통합 서비스
- Power BI 분석

하이브리드 클라우드
- Azure Active Directory의 상태 모니터링
- 리소스의 액세스 관리/제어/모니터링
- 도메인 서비스
- 데이터 백업/복원
- 운영 분석
- 대규모 데이터 마이그레이션 서비스
- 재해 복구 서비스
- 하이브리드 클라우드 스토리지

인프라 서비스 (IaaS)

컴퓨팅
- 가상 서버
- 컨테이너

스토리지
- 오브젝트 스토리지
- 큐/파일 스토리지
- 디스크

네트워킹
- 가상 네트워크
- 전용선 접속
- VPN 게이트웨이
- 로드 밸런싱
- DNS
- DNS 로드 밸런싱
- 애플리케이션 게이트웨이

URL Azure 제품
https://azure.microsoft.com/ko-kr/services/

Chapter **5** 클라우드 서비스 사업자

04 구글의 클라우드 서비스

구글은 퍼블릭 클라우드 서비스 Google Cloud Platform을 제공합니다. 구글의 검색 엔진과 Gmail, YouTube 등의 서비스에서 사용하는 **고성능 인프라 환경**을 Google Cloud Platform을 통해 **저렴한 비용으로** 이용할 수 있습니다. 또한, 구글이 개발한 기술에 기반하면서 높은 성능을 갖춘 다양한 기능을 사용할 수 있습니다.

Google Cloud Platform의 모든 서비스는 Cloud Console이라는 웹 인터페이스와 명령줄 REST API로 제어할 수 있습니다.

그리고 Compute Engine(가상 서버), App Engine(애플리케이션 실행 환경), Kubernetes Engine(컨테이너 관리), Cloud SQL(관계형 데이터베이스), Cloud Datastore(NoSQL 데이터베이스), Cloud Storage(오브젝트 스토리지) 등을 서비스로 이용할 수 있습니다. 이 외에도 빅 데이터 분석을 위한 클라우드 기반 데이터웨어 하우스인 BigQuery와 대량 데이터의 취합/변환/분석/분류 등 다양한 데이터 처리가 가능한 Cloud Data flow 등 데이터 분석 시스템 처리 계열 서비스를 충실히 제공합니다.

또한 오픈 소스 기계학습 라이브러리 TensorFlow 등을 포함한 기계학습 환경 Cloud Machine Learning Engine과 이미지나 음성, 비디오 데이터를 분석할 수 있는 학습된 기계학습 모델 Vision API, Speech API, Cloud Video Intelligence API 등을 이용할 수 있습니다.

구글은 현재 전 세계 21개 존, 64개의 리전을 운용하고 있으며, 앞으로도 거점을 확대할 예정입니다.

Google Cloud Platform의 주요 사용 용도는 **게임의 배포 플랫폼과 빅 데이터의 분석 플랫폼, 애플리케이션 개발** 등입니다. 스마트폰용 위치 기반 게임인 '포켓몬 GO'도 Google Cloud Platform을 사용하고 있습니다. 이 사례는 전 세계에서 집중되는 엄청난 양의 접속을 리소스의 유연한 스케일 업으로 대응한 사례로 소개된 바 있습니다.

하나 더 Google은 밀티 클라우드를 실현하는 플랫폼으로 'Anthos'을 보급하고 있습니다.

● 구글 'Google Cloud Platform' 의 개요

'Google Cloud Platform'은 구글의 각종 웹 서비스를 지탱하는 고성능 인프라를 저렴한 비용으로 이용할 수 있으며, 빅 데이터 분석 시스템과 처리 계열 서비스를 충실히 갖추고 있습니다.

주요 서비스 라인업

컴퓨팅

- 가상 서버
- 애플리케이션 실행 환경
- 컨테이너 실행 환경
- 서버리스 컴퓨팅 환경
- 온프레미스로 사용 가능한 Kubernetes 환경
- TensorFlow에 특화된 마이크로프로세서

스토리지

- 오브젝트 스토리지
- 영속 디스크(SSD, HDD)
- 로컬 SSD 스크래치 디스크(SCSI, NVM Express)

네트워크

- Virtual Private Cloud(VPC)
- 로드 밸런싱
- 보안 대책(DDoS 방어 액세스 제어)
- CDN(Content Delivery Network)
- 데이터 센터 간의 접속
- IPsec VPN 접속
- DNS

데이터베이스

- RDB(PostgreSQL, MySQL)
- NoSQL 데이터베이스
- 수평 확장이 가능하고 높은 무결성을 갖춘 RDB
- 확장성이 높은 NoSQL 데이터베이스
- Redis용 메모리 데이터 스토어 서비스

빅 데이터

- 빅 데이터 분석
- 클라우드용 데이터 웨어하우스
- 스트림 데이터 처리와 배치 데이터 처리
- Spark/Hadoop 서비스
- 분석용 데이터의 검색/클리닝/준비
- 데이터 검색/분석/시각화
- 이벤트 스트림 캡처/실시간 스트림 분석
- 워크플로우 오케스트레이션 서비스

기계학습

- 기계학습 모델의 구축/배포
- 이미지 인식
- 음성 인식
- 동영상 콘텐츠 인식
- 감정 분석
- 동적 번역
- 회화 인터페이스의 작성(챗봇, 대화형 자동 음성 응답 시스템 등)

IoT

- IoT 장치의 접속 관리, 데이터 캡처
- 엣지 디바이스의 데이터 처리, 데이터 교환
- TensorFlow에 특화된 엣지 디바이스용 마이크로 프로세서

보안

- 액세스 제어, audit trail
- 기밀 데이터의 분류, 은닉화
- 보안 상태 분석 및 모니터링
- 2단계 인증, 변조 방지 하드웨어 칩

관리

- GCP/AWS/오픈 소스 패키지에서 실행되는 애플리케이션의 모니터링/로그 데이터의 저장/검색/분석/에러보고
- 애플리케이션 성능 분석
- 코드의 동작 조사

도구

- 명령줄 인터페이스
- 컨테이너 이미지 레지스트리
- 빌드 자동화
- Git 리파지토리

URL	Google Cloud Platform 제품 https://cloud.google.com/products/

관련 용어	BigQuery ▶▶▶ p.58	Cloud Dataflow ▶▶▶ p.58	NoSQL ▶▶▶ p.74	오브젝트 스토리지 ▶▶▶ p.76
	기계학습 ▶▶▶ p.60	데이터 분석 서비스 ▶▶▶ p.58		

Chapter

5

클라우드 서비스 사업자

05 알리바바의 클라우드 서비스

　　중국의 EC 시장에서 압도적인 점유율을 차지하고 있는 알리바바 그룹은 중국 최대의 퍼블릭 클라우드 서비스 Alibaba Cloud를 서비스하고 있습니다. 참고로 중국에서의 서비스명은 'Aliyun(阿里雲, 아리윤)'이라고 합니다.

　　중국 내의 점유율은 50% 전후이며, 중국 안에 500개 이상의 CDN 노드를 설치하고 있습니다. 세계 시장에서도 AWS와 Microsoft Azure, Google Cloud Platform의 점유율을 바짝 추격하고 있으며 그에 걸맞은 서비스와 기능을 충실히 갖추었습니다.

　　Alibaba Cloud는 알리바바 그룹의 BtoB 마켓 플레이스 '알리바바 닷컴', BtoC 쇼핑몰 '天猫(Tmall)', CtoC 마켓 플레이스 '타오바오', 간편 결제 서비스 '알리페이'의 인프라로 사용되고 있으며, 이러한 운용 실적과 노하우를 서비스로 제공하고 있습니다.

　　일본에서는 알리바바 그룹과 소프트뱅크의 합작사인 SB클라우드가 2016년부터 도쿄 리전을 개설하여 Alibaba Cloud를 제공하고 있습니다.

　　Alibaba Cloud의 기능적인 특징은 **이상 트래픽의 클리닝 처리와 폐기 처리를 자동 실행하는 Anti-DDoS(DDoS 공격 방지 기능)를 표준으로 제공**한다는 점을 들 수 있습니다.

　　또한 Express Connect는 다양한 클라우드 환경과의 통신을 위한 고품질 프라이빗 네트워크 통신을 제공합니다. 특히 다른 리전에 있는 VPC 네트워크와 상호 연결하는 'VPC 커넥션'은 중국 특유의 인터넷 통신 제한을 받지 않습니다. 그래서 일본에 있는 서버와 중국에 있는 서버가 안전하게 통신할 수 있어서 사용자가 많습니다.

　　알리바바 그룹은 도쿄 2020 올림픽/패럴림픽의 클라우드 서비스/E커머스 플랫폼 서비스 카테고리의 월드 와이드 파트너이며, Alibaba Cloud 서비스를 제공하고 있습니다. 게임 클라우드, IoT 클라우드, E 커머스, 하이브리드 클라우드 등의 이용자를 위한 클라우드 솔루션도 제공하고 있습니다.

하나 더　한국에서는 lascom이 '차이나커넥트'라는 이름으로 전용선 서비스를 제공하고 있습니다.
　　　　https://www.lascom.co.kr/

● 알리바바 'Alibaba Cloud'의 개요

Alibaba Cloud는 중국 시장에 진출하는 해외 기업에 대한 서비스와 지원을 충실히 제공합니다.

주요 서비스 라인업

가상 서버

- 가상 서버
- GPU 컴퓨팅
- 오토 스케일링
- 구성 템플릿
- 컨테이너 관리
- 하이 퍼포먼스 컴퓨팅
- 베어메탈 컴퓨팅
- 클러스터 컴퓨팅
- 서버리스 실행환경
- 단일 임차인 전용

스토리지와 CDN

- CDN
- 오브젝트 스토리지
- Network Attached Storage(NAS)
- 대용량 데이터 마이그레이션
- 고속 콘텐츠 전송

네트워크

Express Connect

- Virtual Private Cloud(VPC)
- 전용 프라이빗 네트워크 연결
- DNS
- 퍼블릭 IP 주소
- NAT기능
- 서버 로드 밸런싱
- VPN 기능
- VPC와 데이터센터 간의 연결

데이터베이스

- RDS (MySQL, PostgreSQL, SQL Server, PPAS)
- 키 밸류 스토어(Redis 호환)
- Memcache
- NoSQL(Table Store)
- 데이터 웨어하우스
- 데이터베이스 간 데이터 전송

분석과 빅데이터

- 빅데이터 처리/분석
- 실시간 데이터 시각화
- 데이터 전송/변환/동기화
- 이미지 검색

애플리케이션

- 메시지 큐
- 로그 수집/관리
- API 호스팅

미디어 서비스

- 음성/동영상의 자동 트랜스코딩, 미디어 리소스 관리와 공유
- 라이브 오디오/비디오 전송

보안

Anti-DDoS

- DDoS 대책
- SSL 인증서 신청/구매/관리
- 웹 애플리케이션 방화벽

IoT

- IoT 디바이스 관리

관리

- 실시간 모니터링
- 리소스 접근제어
- 암호화 키 생성/관리/보관
- 제어 이력의 기록/관리
- 웹 API 호출 프로세스 표시

도메인과 호스팅

- DNS
- 글로벌 로드 밸런싱

2019년 1월에는 도쿄에 2번째 데이터 센터가 생겨 캐퍼시티가 2배로 늘었습니다. 데이터 센터들을 다중화할 수 있으며 백업도 가능합니다.

관련 용어　API ▶▶▶ p.96　　PaaS 기반 소프트웨어 ▶▶▶ p.80　　오브젝트 스토리지 ▶▶▶ p.76

Chapter
5
클라우드 서비스 사업자

06 IBM의 클라우드 서비스

IBM은 IBM Cloud라는 브랜드로 클라우드 서비스를 제공하고 있습니다. IBM Cloud
는 시스템을 구성하는 모든 장비와 소프트웨어에 오픈 소스 기술을 채용하고 있습니다.
그리고 가상 서버와 물리 서버(베어메탈 서버), AI 솔루션인 Watson, IoT, 분석(애널
리틱스), 블록체인, Kubernetes 등 190개 이상의 풍부한 서비스 라인업을 제공하고 있습
니다.

IBM Cloud는 퍼블릭/프라이빗 네트워크를 표준으로 구현하고 있으므로 사용 용도
에 따라 안전한 환경을 구축할 수 있습니다. 또한, 전 세계 60개 이상의 데이터 센터는
10Gbps의 고속 네트워크로 상호 연결되어 있고, 글로벌 네트워크를 데이터 전송량과
관계없이 무료로 사용할 수 있습니다.

특징적인 서비스로는 VMware on IBM Cloud가 있습니다. 이 서비스는 베어메탈 서
버를 활용하는데, 온프레미스 시스템에서 사용하는 VMware 환경을 애플리케이션 외
의 모든 기능 외적인 요구사항(서버 관리, 백업 및 가용성/이동성 등)을 바꾸지 않은 상
태 그대로 클라우드로 마이그레이션을 할 수 있습니다. 그리고 사용자는 프라이빗 네
트워크를 통해 IBM Cloud에서 다양한 서비스를 이용할 수 있습니다. 또한 IBM Cloud
Private을 이용하여 온프레미스 환경에 클라우드 기반을 구축하면, IBM Cloud의
PaaS와 Watson과 같은 클라우드 네이티브 기능을 온프레미스로 사용할 수도 있습
니다.

IBM Cloud의 주요 사용 용도는 소셜 게임의 운영과 빅 데이터 분석 기반입니다. 엔
터프라이즈 영역에서는 제조업과 유통업을 중심으로 기존 VMware의 온프레미스 시
스템을 클라우드로 전환한 사례가 있습니다. 특히 대규모 시스템과 높은 성능과 보안이
요구되는 경우에 물리 서버(베어메탈 서버)를 많이 이용하고 있습니다.

IBM은 2018년 10월에 RedHat을 340억 달러에 인수하였고, 오픈 하이브리드를 지
원하는 클라우드 서비스를 펼치기 위해 사업을 강화하고 있습니다.

하나 더 IBM은 AI를 Augmented Intelligence(확장 지능)로 정의하고, Watson을 필두로 한 코그니티브 솔루션을 보급하고 있습니다.

그림으로 알아보자 !

● IBM의 IBM Cloud의 개요

> 퍼블릭 네트워크와 프라이빗 네트워크를 표준으로 구현한 IBM Cloud는 전통적인 애플리케이션과 클라우드 네이티브 애플리케이션 모두에 대응하는 하이브리드 클라우드 전략을 펼치고 있습니다.

주요 서비스 라인업

엔터프라이즈 애플리케이션	산업용 솔루션	전문가용 솔루션
• 보안, 상업, 블록체인	• Watson 건강, 금융 서비스, 서플라이 체인	• 날씨, Watson, IoT

Watson API

데이터 액세스, 관련 데이터 검색, AI 모델의 구축/트레이닝, AI 모델 배치, 모니터링, 관리, 분석

데이터 정책 관리	자산 카탈로그	데이터 정책 집행

컨테이너 오케스트레이션	환경 템플릿	VMware 런타임	Cloud Foundry 런타임

로깅, 메시지, ID와 액세스 관리, 모니터링, 키 관리, 데이터 스토어, 컨테이너, 인증 관리, 오토스케일링 등

x86, Power CPU, GPU 컴퓨팅	프로그래밍 가능한 메쉬 네트워크	플래시 & 디스크 스토리지
• 가상머신, 베어메탈	• 가상 네트워크, 로드 밸런싱, 방화벽	• 블록 스토리지, 파일 스토리지, 오브젝트 스토리지

아이덴티티 & 접속	데이터 보안	네트워크 보안	애플리케이션 보안	보안 시각화

● 퍼블릭 네트워크와 프라이빗 네트워크를 표준으로 장비하고 있다

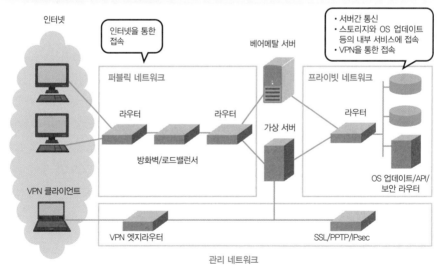

Chapter

5

클라우드 서비스 사업자

관련 용어 API ▶▶▶ p.96   PaaS 기반 소프트웨어 ▶▶▶ p.80   오브젝트 스토리지 ▶▶▶ p.76   리프트&시프트 ▶▶▶ p.56

07 NTT 커뮤니케이션즈의 클라우드 서비스

NTT 커뮤니케이션즈는 기업용 클라우드 서비스 Enterprise Cloud로 글로벌 클라우드 서비스 사업을 펼치고 있습니다.

Enterprise Cloud의 주요 기능은 주문형 종량제로 제공하는 물리 서버(베어메탈 서버), VMware vSphere와 Microsoft Hyper-V를 지원하고 멀티 하이퍼바이저 기능을 갖춘 독점형 호스팅 프라이빗 클라우드, 오픈 소스 클라우드 기반 소프트웨어 OpenStack 기반의 공유형 클라우드입니다.

기업 사용자는 온프레미스 시스템의 마이그레이션, ERP처럼 시스템의 성능과 신뢰성 가용성을 중시하는 기간계 시스템, IoT 서비스처럼 민첩성/유연성/API를 통한 외부 서비스 연계 등을 전제한 클라우드 기반 모두를 하이브리드 클라우드로 구성해서 이용할 수 있습니다. 또한 AWS나 Microsoft Azure처럼 다른 사업자가 제공하는 클라우드 서비스를 모두 포털 사이트 한 곳에서 운영하고 관리할 수 있는 '클라우드 관리 플랫폼'도 사용할 수 있습니다.

그리고 Oracle Database(데이터베이스), Enterprise Cloud for ERP(ERP 패키지), VMware Cloud Foundation(클라우드 마이그레이션에 최적화된 VMware 통합 하이브리드 클라우드 기반) 등의 미들웨어도 기업 사용자의 기간계 시스템과 연계하여 클라우드 서비스로 사용할 수 있습니다. 클라우드 네이티브 애플리케이션으로는 데이터 분석 솔루션과 딥러닝 이용에 최적화된 전용 GPU 솔루션을 사용할 수 있습니다.

Enterprise Cloud는 글로벌 비즈니스를 펼치는 제조업과 서비스업 등에서 NTT 커뮤니케이션즈가 제공하는 글로벌 거점, 네트워크 서비스, 관리 서비스, 보안 서비스를 함께 사용하는 경우가 많습니다. 딥러닝 프레임워크 Chainer 등을 개발하여 오픈 소스로 제공하는 스타트업 기업 Preferred Networks는 GPU 서버를 1536개 갖춘 일본 최대의 프라이빗 슈퍼 컴퓨터를 NTT 커뮤니케이션즈의 GPU 솔루션으로 구축해서 운영하고 있습니다.

하나 더 NTT 그룹의 글로벌 클라우드 사업은 2019년 6월에 설립한 NTT Limited에서 추진하고 있습니다.

그림으로 알아보자!

● NTT 커뮤니케이션즈 Enterprise Cloud의 개요

> Enterprise Cloud는 190개 이상의 국가와 지역을 연결하는 네트워크와 20개 이상의 국가와 지역에 고품질의 데이터 센터와 함께 제공하는 하이브리드 클라우드입니다. 클라우드로의 마이그레이션을 지원하는 '클라우드 시프트'와 IoT 및 데이터 분석 등의 구축 환경을 지원하는 '클라우드 네이티브' 모두를 제공합니다.

서비스의 전체 모습

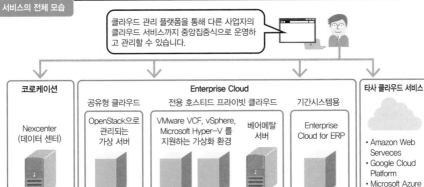

> 클라우드 관리 플랫폼을 통해 다른 사업자의 클라우드 서비스까지 중앙집중식으로 운영하고 관리할 수 있습니다.

코로케이션

Nexcenter
(데이터 센터)

Enterprise Cloud

공유형 클라우드
OpenStack으로 관리되는 가상 서버

전용 호스티드 프라이빗 클라우드
VMware VCF, vSphere, Microsoft Hyper-V 를 지원하는 가상화 환경

베어메탈 서버

기간시스템용
Enterprise Cloud for ERP

타사 클라우드 서비스
• Amazon Web Serveces
• Google Cloud Platform
• Microsoft Azure

SDN(Software Defined Network)

전용 호스티드 프라이빗 클라우드와 공유형 클라우드가 같은 네트워크에 접속하므로, 가상 서버와 물리 서버(베어메탈 서버), 방화벽, 로드 밸런서 등을 자유롭게 배치하여 네트워크 환경을 구축할 수 있습니다.

주요 서비스 라인업

서버
• 베어메탈 서버
• 가상 서버
• 이미지 저장 영역

전용 하이퍼 바이저
• vSphere/Hyper-V   • 게스트 이미지
• VMware Cloud Foundation

스토리지
• 블록 스토리지
• 파일 스토리지

네트워크
• 인터넷 접속   • VPN 게이트웨이
• 논리 네트워크   • 로드 밸런싱

백업

미들웨어	• SAP HANA • Oracle • SQL Server 등	플랫폼	• Cloud Foundry • DNS • Power Systems • 글로벌 서버 로드 밸런싱 등
보안	• 네트워크형 보안(방화벽, UTM, WAF) • 호스트형 보안(안티바이러스, 침입 방지, 방화벽)		
관리	• 클라우드 플랫폼 매니지먼트 • 모니터링 • Managed Option • 모니터링 로그 • 지원		
SD-Exchange	• 로코케이션 접속 • Enterprise Cloud 접속 • Amazon Web Services 접속 • Microsoft Azure 접속 • Google Cloud Platform 접속 • 원격 데이터 센터 접속		

관련
용어

GPU ▶▶▶ p.90   OpenStack ▶▶▶ p.78   클라우드 관리 플랫폼 ▶▶▶ p.122
하이퍼 바이저 ▶▶▶ p.68   호스티드 프라이빗 클라우드 ▶▶▶ p.28

Chapter

5

클라우드 서비스 사업자

08 KDDI의 클라우드 서비스

KDDI는 통신 사업자 특유의 고품질 통신을 살려 99.99%의 높은 월간 가동률을 보장하는 기업 사용자용 가상 서버 상품 KDDI 클라우드 플랫폼 서비스(약칭: KCPS)를 제공합니다.

KDDI 클라우드 플랫폼 서비스의 특징

KDDI 클라우드 플랫폼 서비스는 가상 서버(공유 서버 타입, 전용 서버 타입), 베어메탈 서버, 오브젝트 스토리지, 파일 서버를 주요 서비스로 제공하고 있습니다.

공유 가상 서버 'Value'는 'Small1'에서 'XXLarge1'에 이르는 11개의 스펙 중에서 고를 수 있습니다. 또한 전용 가상 서버 'Premium'은 가상화 기반을 'KVM'과 'VMware' 중에서 고를 수 있습니다.

KDDI는 기본적으로 폐역 인트라 망 'KDDI Wide Area Virtual Switch(약칭: KDDI WVS)' 과 'KDDI Wide Area Virtual Switch 2(약칭: KDDI WVS2)'를 제공하므로, 통신 보안이 확보된 클라우드 환경을 구축할 수 있습니다.

가상 서버 'Value'와 'Premium'은 셀프 서비스식 콘솔 화면을 통해 주문형 서버를 만들 수 있습니다. 또한 KDDI가 제공하는 네트워크 서비스와의 통합 운영 지원을 제공하므로 신뢰성과 가용성이 높은 서비스 환경을 사용할 수 있습니다. 운영 및 모니터링 옵션으로는 기업의 이용 시스템에 따라 최적의 모니터링을 자동으로 설정하는 'Basic' 과 장애 대응 및 정기 작업을 실행하는 'Professional'을 제공합니다.

주요 고객은 제조 기업과 유통 기업이며, KDDI의 폐역 인트라 망 'KDDI Wide Area Virtual Switch'를 이용하여 기간계와 정보계 등의 사내 시스템의 기반으로 사용하는 경우가 대부분을 차지합니다. 또한 au 모바일 비즈니스의 플랫폼이므로, 모바일을 활용한 일반 소비자용 콘텐츠 비즈니스를 펼치는 엔터테인먼트 사업자도 이용하고 있습니다.

● KDDI의 KDDI 클라우드 플랫폼 서비스의 개요

'KDDI 클라우드 플랫폼 서비스(약칭: KCPS)'는 전용 서버를 주문형으로
제공할 수 있으며, 높은 보안성과 다양한 시스템에 대응하는 유연성을
겸비한 수준 높은 클라우드 플랫폼입니다.

서비스의 전체 그림

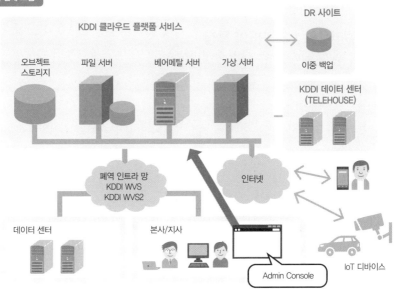

서비스 기능	개요
공유 서버(Value)	11가지 스펙에서 가상 서버를 선택
전용 서버(Premium)	전용 물리 서버가 할당되고, 그 위에 가상 서버를 구축
추가 디스크	데이터베이스에 적합한 시스템 스토리지와 파일 저장에 적합한 데이터 스토리지
베어메탈 서버	사용자가 스스로 OS 환경과 가상 머신을 구축할 수 있는 베어메탈 서버를 4가지 스펙으로 제공
백업	OS 부팅 드라이브/추가 디스크의 데이터를 일본 국내의 2개 사이트의 데이터 센터에 백업
관리 옵션/구축, 운영, 모니터링 메뉴	사용자의 요청에 따른 시스템의 구축/운영/모니터링
파일 스토리지	여러 개의 SSD가 연결된 올 플래시 어레이를 탑재한 파일 서버를 제공
오브젝트 스토리지	견고성 99.9999999999%의 오브젝트 스토리지. Amazon S3 호환 REST API와 Java SDK를 제공
네트워크	인터넷 연결과 폐역 인트라 네트워크 연결을 지원 방화벽 기능, 로드 밸런싱 기능을 제공하는 관리 화면
Admin Console	가상 서버, 추가 디스크, 오브젝트 스토리지 생성과 삭제, 네트워크의 각종 설정, 사용 현황 확인, 백업 생성 등

관련
용어   오브젝트 스토리지 ▶▶▶ p.76

09 소프트뱅크의 클라우드 서비스

소프트뱅크는 IaaS 중심의 기업용 클라우드 서비스 '화이트 클라우드 ASPIRE'를 제공하고 있습니다.

화이트 클라우드 ASPIRE의 특징

'화이트 클라우드 ASPIRE'는 VMware의 가상화 기반과 소프트뱅크의 안정적인 네트워크, 일본 국내의 데이터 센터(동일본 사이트/서일본 사이트)가 조합된 클라우드 서비스이며, 가상 서버와 네트워크의 99.999% 가용률을 자랑합니다.

'화이트 클라우드 ASPIRE'의 서버 리소스는 사용 용도에 따라 4가지 타입을 고를 수 있습니다. 제공하는 메뉴는 월 정액제인 '리소스 풀 타입', '전용 서버 타입', '리모트 백업 타입' 시간제 과금인 '종량제 과금 타입' 입니다. 가상 서버의 사이즈는 서버 리소스의 범위 안에서 자유롭게 설정할 수 있습니다.

인터넷 접속과 방화벽을 기본으로 제공하고, 로드 밸런서와 VPN 접속 등 다양한 네트워크 기능을 옵션으로 제공합니다. 스토리지는 SSD 타입과 리모트 백업 타입, 이코노미 스토리지 타입, 총 세 가지를 제공합니다.

VMware에 기반하기 때문에 VMware 기반의 온프레미스 시스템의 구성을 바꾸지 않고 쉽게 마이그레이션을 할 수 있습니다. 따라서 클라우드와 온프레미스 하이브리드 환경을 같은 느낌으로 운영하고 관리할 수 있습니다. 또한 소프트뱅크의 폐쇄망을 통해 AWS, Microsoft Azure, Google Cloud Platform, Alibaba Cloud의 각 클라우드 서비스에 안전하게 접속할 수 있는 게이트웨이 서비스를 제공하고 있습니다.

'화이트 클라우드 ASPIRE'는 제조업과 서비스업을 중심으로 다양한 업종의 기업이 이용하고 있습니다.

소프트뱅크는 2018년 3월에 IDC 프론티어를 100% 자회사로 편입하고 대기업, 중소기업, 개인 사업자를 모두 지원하는 서비스 메뉴를 제공하고 있습니다.

소프트뱅크 '화이트 클라우드 ASPIRE'의 개요

화이트 클라우드 ASPIRE는 소프트뱅크가 제공하는 네트워크 서비스는 물론, 데이터 센터, 관리 서비스 등의 다양한 서비스와 연계할 수 있습니다.

주요 서비스 라인업

가상 서버(월정액)
- 리소스 풀 타입   • 전용 서버 타입
- 리모트 백업 타입

가상 서버(시간 종량)
- 종량제

내부 스토리지

백업 없음
- SSD 타입   • 추가 스토리지(이코노미 스토리지 타입)

백업 있음
- SSD 타입   • 리모트 백업 타입   • DR 백업 타입

포털
- 지원 포털
- 프로비저닝 포털

무료 제공 네트워크 서비스
- 인터넷(1Gpbs 공유)   • 글로벌 IP 주소(1개)
- 소프트웨어 방화벽(다중화 구성)

네트워크 옵션
- L2 세그먼트   • 인터넷 접속
- 글로벌 IP 어드레스   • 방화벽 리소스 확장
- 전용 로드 밸런서

기타 옵션
- Windows Server 라이센스   • SQL Server 라이센스
- Remote Destop Server 라이센스
- MS Office 라이센스   • Red Hat Enterprise Linux
- 고급 모니터링 등

시장 점유율이 높은 VMware의 가상화 인프라에 기반하고 있으며, VMware에 기반한 온프레미스 환경의 애플리케이션을 쉽게 마이그레이션 할 수 있습니다.

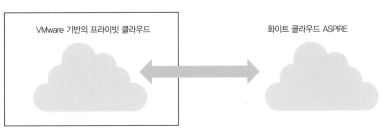

VMware 기반의 프라이빗 클라우드 ⟷ 화이트 클라우드 ASPIRE

Chapter 5 클라우드 서비스 사업자

관련용어   가상 서버 ▶▶▶ p.46   클라우드 기반 소프트웨어의 통일 ▶▶▶ p.120   리프트 & 시프트 ▶▶▶ p.56

10 후지쯔 그룹의 클라우드 서비스

후지쯔 그룹은 기존 클라우드 서비스의 브랜드를 통합한 FUJITSU Cloud Service라는 클라우드 서비스를 제공합니다. FUJITSU Cloud Service는 오픈 소스 기반의 클라우드 서비스 FUJITSU Cloud Service for OSS, VMware 제품군 기반의 클라우드 서비스 FUJITSU Cloud Service for VMware, SPARC/Solaris 기반의 클라우드 서비스 FUJITSU Cloud Service for SPARC 등으로 구성되어 있습니다.

FUJITSU Cloud Service for OSS의 특징

FUJITSU Cloud Service for OSS는 오픈 소스 IaaS 기반 소프트웨어 OpenStack에 기반한 클라우드 서비스입니다. 데이터베이스와 DevOps, IoT, AI 등의 PaaS 서비스를 제공하고 있으며, 신규 비즈니스를 위한 시스템(SoE)과 업무 시스템(SoR) 모두에 대응할 수 있습니다.

FUJITSU Cloud Service for OSS의 IaaS 시스템 리소스로는 전용 프라이빗 서버와 가상 프라이빗 서버를 제공하는 '컴퓨트'와 전용 물리 서버를 제공하는 '베어메탈'이 있습니다. 특히 가상 서버는 단일 존으로 구성할 경우 가동률 99.99%를 보증합니다.

온프레미스 시스템을 클라우드로 마이그레이션 할 경우에는 VMware 환경에서의 마이그레이션을 돕는 FUJITSU Cloud Service for VMware를 제공하고 있습니다.

FUJITSU Cloud Service for OSS의 PaaS는 후지쯔의 시스템 개발 노하우가 녹아 들어있는 개발자용 서비스를 충실히 갖추고 있습니다. 이 외에도 형상관리 도구인 'GitHub Enterprise', AI 서비스 'Zinrai 플랫폼 서비스', IoT 데이터 활용 기반 'IoT Platform'등 디지털 비즈니스를 지원하는 플랫폼 서비스를 충실히 갖추었습니다.

후지쯔 클라우드 서비스의 주요 이용 실적은 제조업과 유통업, 금융, 공공 등 다양한 분야의 정보 시스템 기반입니다.

하나 더   후지쯔 클라우드 테크놀로지스가 제공하는 퍼블릭 클라우드 서비스 '니후쿠라'는 FUJITSU Cloud Service for Vmware 제품군에 포함된 서비스입니다.

● 후지쯔 그룹 FUJITSU Cloud Service for OSS의 개요

'FUJITSU Cloud Service for OSS'의 기반은 오픈 소스 IaaS/PaaS 플랫폼 소프트웨어입니다. 후지쯔가 가진 산업별 시스템 엔지니어링 노하우와 사내에서의 운용 노하우를 살린 서비스를 제공하고 있습니다.

주요 서비스 라인업

라꾸라꾸 서비스 딜리버리 플랫폼

비즈니스 지원
고객 관리/계약 관리/요금 계산/결산 게이트웨이

인증 서비스　　　　로그 감사 서비스

애플리케이션 개발/실행 플랫폼

워크플로우 서비스

API Management
• 안전한 API 공개/사용 현황 분석

시스템 모니터링 서비스

개발 지원

GitHub Enterprise
코드 호스팅, 협업 지원

산업/업무 플랫폼

COLMINA Platform
제조업의 지식 중계 플랫폼

AI(인공 지능)

Zinrai 플랫폼 서비스 인식
인식/지식화/확인 및 지원/딥러닝

IoT 데이터 활용 플랫폼

IoT Platform
IoT용 데이터 송수신 및 저장, 실시간 확인

음성 인식

Voice Operation
음성 인식 실행 환경, 개발 도구

PaaS

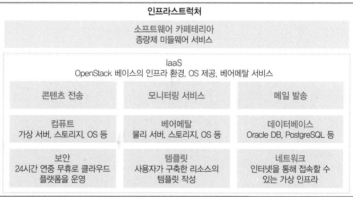

인프라스트럭처

소프트웨어 카페테리아
종량제 미들웨어 서비스

IaaS
OpenStack 베이스의 인프라 환경, OS 제공, 베어메탈 서비스

콘텐츠 전송	모니터링 서비스	메일 발송
컴퓨트 가상 서버, 스토리지, OS 등	**베어메탈** 물리 서버, 스토리지, OS 등	**데이터베이스** Oracle DB, PostgreSQL 등
보안 24시간 연중 무휴로 클라우드 플랫폼을 운영	**템플릿** 사용자가 구축한 리소스의 템플릿 작성	**네트워크** 인터넷을 통해 접속할 수 있는 가상 인프라

IaaS

지원/옵션 서비스

프라이빗 접속
온프레미스/호스팅 등을 폐역망 또는 외부망과 연결

헬프 데스크 서비스

Chapter

5

클라우드 서비스 사업자

11 NEC의 클라우드 서비스

NEC는 클라우드 서비스의 도입과 운영 지원 서비스를 NEC Cloud Solutions라는 브랜드로 제공합니다. NEC Cloud Solutions 서비스에서 IaaS 포지션을 담당하는 NEC Cloud IaaS는 기업과 단체를 위한 유연하고 신뢰성 높은 클라우드 기반 서비스입니다.

NEC Cloud IaaS는 가상 서버 서비스로 OpenStack 기반의 '스탠더드(STD)', 상위 모델의 '스탠더드 플러스(STD-Plus)', VMware vSphere 기반의 '하이 어베일러리(Ha)'를 제공하고 있으며, 물리 서버 서비스도 제공하고 있습니다. 각각의 서비스를 함께 이용할 수 있기 때문에 IoT 등의 신규 시스템부터 기간계 시스템에 이르기까지 다양한 요구 사항에 대응하는 시스템을 구성할 수 있습니다.

또한 셀프서비스식 포털로 서버/스토리지/네트워크 등의 리소스를 생성/수정할 수 있는 프로비저닝 기능, 모니터링 설정, 리소스 사용 현황 참조와 같은 통합 운영 관리 기능을 사용자 스스로 설정/제어할 수 있습니다. 온프레미스 환경과 타사의 클라우드 서비스 등을 통합해서 관리할 수 있으므로, 하이브리드 클라우드 환경을 효율적으로 운영할 수 있습니다. 또한 평시 운영을 NEC에 위임할 수도 있습니다(Remote Infrastructure Management 서비스).

NEC Cloud IaaS는 일본 국내에 설치된 NEC의 코어 데이터 센터가 제공합니다. 그리고 하우징 에어리어와 L2 장비로 연결되어 있어 통신이 원활합니다. 네트워크 메뉴도 충실히 구비하고 있습니다. 온프레미스 환경과의 연결은 물론 AWS 및 Microsoft Azure와 같은 타사 클라우드 서비스와 폐역망 접속도 선택할 수 있습니다.

이용 사례로는 커뮤니케이션 인프라 등의 프론트 오피스 영역, 기간계와 정보계 시스템의 클라우드 마이그레이션 등이 있으며, 하우징과 클라우드를 병용하는 등 하이브리드 구성이 증가하는 추세입니다.

NEC의 클라우드 플랫폼으로는 PaaS 포지션에 있는 NEC Cloud PaaS, 온프레미스 설치형(소유형)인 NEC Cloud System, 오픈 소스 솔루션을 조합한 NEC Cloud System(OSS 구축 모델)이 있습니다.

● NEC NEC Cloud IaaS의 개요

NEC는 IaaS를 제공하는 NEC Cloud IaaS와 클라우드 서비스와 제품 도입, 운영지원을 다양한 규모/업종/용도에 대응하는 NEC Cloud Solutions라는 브랜드로 제공하고 있습니다.

서비스의 전체 그림

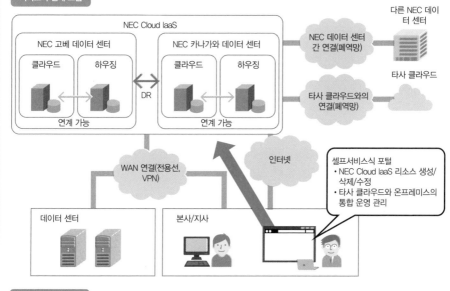

주요 서비스 라인업

서포트	서버(가상: 공유)		서버(물리: 전용)
• 베이직 서포트 • 어드밴스드 서포트	• 스탠더드(CentOS, Ubuntu, Windows Server) • 스탠더드 플러스(CentOS, Red Hat Enterprise Linux, Windows Server) • 하이 어베일러빌리티(Red Hat Enterprise Linux, Windows Server)		• 물리 서버(Xeon) (vSphere, Red Hat Enterprise Linux, Windows Server) • 물리 서버(NX) (vSphere)

리소스 조달	스토리지/백업
• 포털 • 오토 스케일 • 템플릿/VM 이미지	• 데이터 디스크 • 파일 스토리지 • 오브젝트 스토리지 • 백업 • 원격지 백업
	네트워크
	• 기본 네트워크 • 방화벽 • 로드 밸런싱 • 가상 라우터 • MTA/DNS • 하우징 연계 네트워크 연결 • VPN/전용선 연결 • 인터넷 연결 • 데이터 센터 간 네트워크 연결 • 퍼블릭 클라우드 연결

운영	보안
• 통합 운영 관리 • 모니터링/음성 에스컬레이션 • Remote Infrastructure Management 서비스	• 사이버 공격 대책 • 보안 감시 • ID와 액세스 관리 • 인증 서비스 제휴 • 내부 통제 보장 보고서

관련
용어   OpenStack ▶▶▶ p.78   데이터 센터 ▶▶▶ p.92   하이브리드 클라우드 ▶▶▶ p.118

12 인터넷 이니셔티브(IIJ)의 클라우드 서비스

인터넷 이니셔티브(IIJ)는 퍼블릭 클라우드와 프라이빗 클라우드를 융합한 IIJ GIO 인 프라 P2(이하 IIJ GIO P2)를 제공하고 있습니다.

IIJ GIO P2의 특징

'IIJ GIO P2'는 하나의 클라우드 서비스이면서 퍼블릭 클라우드와 프라이빗 클라우드의 요소를 겸비한 것이 큰 특징으로, 두 개의 서버 리소스 그룹('퍼블릭 리소스'와 '프라이빗 리소스')과 '스토리지 리소스'로 구성되어 있습니다.

'퍼블릭 리소스'는 3가지 특징을 가진 가상 서버와 리소스 모음입니다. 비용 절감을 우선할 경우 고려할 수 있는 종량 요금제 '베스트 에포트 타입', 확실한 성능이 필요한 경우 고려할 수 있는 '성능 보증 타입', 물리 서버와 동등하거나 그 이상의 입출력 성능이 필요할 경우 고려할 수 있는 '전용 타입'이 있으며, 이들을 조합하거나 전환하여 다양한 시스템을 구현할 수도 있습니다.

'프라이빗 리소스'는 기업용 VMware 플랫폼(VW 시리즈)과 물리 서버로 구성된 리소스 모음입니다. 온프레미스와 동일한 제어 권한과 VMware 환경에 적합한 네트워크 구성을 즉시 사용할 수 있어서 기간계 시스템 혹은 서버 그룹의 통합 플랫폼으로 적합합니다. 또한 IIJ는 사내의 VMware 환경을 IIJ의 클라우드 서비스로 쉽게 마이그레이션 할 수 있는 패키지인 'IIJ 클라우드 스타터 패키지 for VMware'를 제공하고 있습니다.

SAP 기간계 시스템의 운영 환경으로 납품하고 있으며, SAP사의 인증도 취득했습니다. 기간계 시스템을 안심하고 맡길 수 있는 높은 서비스 수준과 보안을 제공합니다.

'IIJ GIO P2'는 '퍼블릭 리소스'를 이용하는 웹 시스템과 정보계 시스템, '퍼블릭 리소스'를 이용하는 기간계 시스템 등 기업의 모든 시스템을 클라우드로 구성할 수 있습니다. 특히 기업의 기간계 시스템으로의 보급이 두드러집니다.

● 인터넷 이니셔티브 'IIJ GIO 인프라-P2'의 개요

'IIJ GIO P2'는 퍼블릭 클라우드의 요소와 프라이빗 클라우드의 요소를 모두 갖추고 있으며, 2개의 서버 리소스 그룹('퍼블릭 리소스'와 '프라이빗 리소스')과 '스토리지 리소스'를 제공합니다.

'퍼블릭 리소스'의 가상 서버

가상 서버와 OS가 사전 설치된 시스템 스토리지(OS는 Linux 또는 Windows Server 중에서 선택)가 제공됩니다. 추가 스토리지와 네트워크도 옵션으로 선택할 수 있습니다.

베스트 에포트 타입	성능 보증 타입	전용 타입

• 여러 가입자와 하드웨어 리소스를 공유. • CPU 리소스를 여러 가입자와 나누어 사용. • 메모리는 고정 할당. • 실행 시간과 전송량만큼 종량 과금. • 인터넷 접속은 1Gpbs의 베스트 에포트 타입. • 개인 네트워크는 등급에 따라 대역폭을 설정.	• 여러 가입자가 하드웨어 리소스를 공유. • CPU 리소스와 메모리를 고정 할당. • 월정액 과금. • 통신은 등급에 따라 대역폭을 설정.	• 물리 서버를 하나의 가상 서버가 전용으로 사용. • 높은 부하를 견딜 수 있는 입출력 성능. • 월정액 과금. • 인터넷 접속은 불가. 프라이빗 네트워크는 8Gbps의 베스트 에포트 타입.

'프라이빗 리소스'의 서버

전용 VMware 가상화 플랫폼 또는 물리 서버를 제공하며 OS를 자유롭게 설치할 수 있다.
서버와 스토리지, 네트워크라는 세 가지 리소스의 플랜을 조합해서 사용.

VMware 가상화 플랫폼
• IIJ 클라우드 환경에서 VMware vSphere ESXi 서버를 사용할 수 있다.
• VMware 환경에 필요한 데이터 스토어, 관리 서버, 관리 네트워크를 패키지로 제공.

물리 서버
• 싱글 타입과 클러스터 타입 중에서 선택 가능.

'스토리지 리소스'

퍼블릭 리소스와 프라이빗 리소스 모두에서 스토리지 리소스(NAS)를 사용할 수 있습니다.

퍼블릭 리소스	프라이빗 리소스

스토리지 리소스

네트워크 기능으로는 인터넷 접속, VLAN, 방화벽, 로드 밸런서를 사용할 수 있습니다.

관련
용어   퍼블릭 클라우드 ▶▶▶ p.26   프라이빗 클라우드 ▶▶▶ p.26

Chapter

5

클라우드 서비스 사업자

13 IDC 프런티어의 클라우드 서비스

IDC 프런티어는 소프트뱅크의 100% 자회사입니다. 소프트뱅크가 통신사업자인 만큼 일본 내에 자사 데이터 센터와 훌륭한 대용량 네트워크를 보유하고 있으며, 2009년부터는 기업용 클라우드 서비스를 제공하고 있습니다. 월간 가상 머신 가동률과 인터넷 연결 가용성 99.999%라는 높은 품질을 보장합니다.

클라우드 서비스 라인업의 핵심인 'IDCF 클라우드'는 최소 구성의 가상 서버의 가격이 월 500엔부터 시작하므로 스몰 비즈니스와 소규모 시스템에 부담 없이 도입할 수 있습니다. 그 외에도 매니지드 클라우드, 프라이빗 클라우드, 데이터 센터(코로케이션) 서비스를 'IDCF 클라우드'와 폐역망으로 연결해 하이브리드 클라우드로 사용할 수 있는 점이 특징입니다.

DDoS 솔루션을 기본적으로 제공하고, WAF(Web Application Firewall), IPS/IDS(침입 방지/침입 탐지) 등의 네트워크 보안 서비스도 갖추고 있습니다. 물리 서버(베어메탈 서버)와 높은 내구성을 갖추었으며 데이터 용량이 무제한인 오브젝트 스토리지, 클라우드 스토리지, 관계형 데이터베이스(RDB), 콘텐츠 캐시(CDN), 인피니트 LB(고성능 로드 밸런서) 등 주변 서비스도 충실히 갖추고 있습니다.

또한 'IDCF 클라우드'의 가상 서버 등의 요금에는 월별 상한선이 정해져 있으며, 네트워크를 월별 정액제로도 제공하고 있습니다. 또한 가장 빠르게는 20초만에 가상 서버를 생성할 수 있습니다. 이 외에도 입출력 성능을 높이기 위해 올 플래시 스토리지를 디스크로 사용하고 있으며, 고속 PCI-SSD인 ioMemory를 탑재한 전용 가상 서버도 마련하고 있습니다.

일본 국내 리전은 각각 동일본과 서일본에 1,000km 이상 떨어진 곳에 설치되어 있으며, 자사의 폐역망을 이용하면 리전과 리전 사이를 무료로 연결할 수 있습니다. 이것은 관리 화면으로 1분 안에 설정할 수 있으며, 기업에서는 광역 사이트 분산 및 원격 백업 등의 용도로 사용할 수 있습니다.

하나 더   IDC 프런티어는 2019년 4월 1일에 렌탈 서버 서비스 등을 제공하는 퍼스트 서버를 흡수 합병하였습니다.

인터넷 이니셔티브 'IIJ GIO 인프라-P2'의 개요

IDCF 클라우드는 초기 비용이 0이며 이용 요금이 업계 최저 수준인 1시간 1엔, 1달 500엔부터 시작하는 퍼블릭 클라우드 서비스입니다.

주요 서비스 라인업

로드 밸런싱	RDB	클라우드 스토리지	콘텐츠 캐시	DNS
글로벌 서버 로드 밸런싱	프라이빗 커넥트	DDoS 대책	침입 탐지 / 방어	가상 서버
하드웨어 전용 SSD	방화벽	로드 밸런서	스냅샷	원격 액세스 VPN
클라우드 콘솔	2단계 인증	클라우드 API	템플릿	리전/존
볼륨	지원	모니터링	푸시 알림	메일 발송

IDCF 클라우드가 제공하는 리전

여러 개의 존과 리전으로 다중화 시스템을 구축하면 시스템이 중단되는 리스크를 줄일 수 있고, 부하를 분산할 수 있으며, 가용성을 높일 수 있습니다.

Chapter 5 클라우드 서비스 사업자

관련 용어 CDN ▶▶▶ p.164   오브젝트 스토리지 ▶▶▶ p.74   리전 ▶▶▶ p.48

14 사쿠라 인터넷의 클라우드 서비스

사쿠라 인터넷이 제공하는 '사쿠라 클라우드'는 서버와 디스크, 오브젝트 스토리지, 네트워크, 보안 등의 기본적인 IaaS 기능을 간단한 요금제와 저렴한 가격으로 제공하는 클라우드 서비스입니다.

사쿠라 클라우드의 특징

서버의 가격은 '서버 플랜'과 '디스크 플랜'의 합계로 계산하며, 데이터 전송량과 요청 수에 따른 추가 과금이 없습니다. 또한 일별/시간제/월별 요금으로 이용할 수 있으며, 사용 기간에 따라 자동으로 최저 가격이 적용됩니다. 즉, 이용 시작일부터 20일 미만은 일별 요금이 적용되고, 20일 이후라면 월별 요금이 적용됩니다.

리전은 도쿄 리전과 이시카리 리전(홋카이도) 중에서 선택할 수 있으며, 리전 상호 간의 백업을 하는 등 DR(Disaster Recovery) 대책이 포함된 다중화 구성을 할 수 있습니다. 또한 가상 서버와 스위치가 어떻게 연결되어 있는지를 알 수 있는 '맵 기능'이나 가상 서버를 직접 제어할 수 있는 '리모트 스크린' 등을 사용자 인터페이스로 제공하므로, 각 서비스를 웹 브라우저로 쉽게 설정할 수 있습니다.

'사쿠라 클라우드'는 API를 공개하고 있으므로, 가상 서버의 스케일 업과 스케일 아웃, 인프라 관리 및 운영을 자동화할 수 있습니다.

사용 용도에 따라서는 '사쿠라 전용 서버'나 '하우징'과 연결하여 하이브리드 클라우드 환경을 이용할 수 있습니다. 따라서 클라우드 서비스의 유연성, 물리 서버 및 하우징 머신의 파워를 모두 활용할 수도 있습니다.

'사쿠라 클라우드'의 주요 이용 용도는 웹 서비스나 스마트폰을 위한 서비스의 운영, 새로운 서비스를 시작하는 스타트업 기업, 애플리케이션 개발 등입니다.

하나 더   사쿠라 클라우드는 장기 이용자의 요금을 최대 20% 할인해주는 요금 할인 플랜인 '할인 패스포트'를 제공합니다.

● **사쿠라 인터넷 '사쿠라 클라우드'의 개요**

> '사쿠라 클라우드'는 도쿄 리전과 홋카이도의 이시카리 리전을 이용할 수 있으며, 풍부한 가상 서버 라인업을 간단한 요금제와 저렴한 가격으로 제공하고 있습니다.

주요 서비스 라인업

서버/디스크	네트워크	보안	로드 밸런싱
• 가상 서버 • 표준/SSD 디스크 • 백업 아카이브 • ISO 이미지 • 스타트업 스크립트 • 클라우드 카탈로그	• 스위치 • 라우터 • 브릿지 접속 • VPC 라우터	• VPC 라우터 • SSL 인증서 • 변조 탐지 • 웹 애플리케이션 방화벽	• 서버 로드 밸런싱 • 글로벌 로드 밸런싱

유저 인터페이스	액세스 컨트롤	옵션 서비스	서비스 간 연결
• 제어판 • 리소스 관리자 • API	• 2단계 인증 • 유저 어카운트 기능 • 액세스 레벨	• 데이터베이스 • DNS • 심플 모니터링 • SendGrid • NFS	• 하이브리드 연결 • 개인 링크 • AWS 연결 옵션

> 사쿠라 인터넷 호스팅 서비스, 하우징 서비스와 하이브리드 접속

서비스의 요금체계

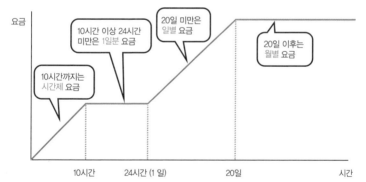

요금

> 10시간 이상 24시간 미만은 1일분 요금

> 20일 미만은 일별 요금

> 20일 이후는 월별 요금

> 10시간까지는 시간제 요금

10시간   24시간 (1 일)   20일   시간

> 사쿠라 클라우드는 이용 시간에 따라 가장 저렴한 요금을 적용하므로 경제적입니다. 20일 미만 이용시 일별 요금으로 정산하고, 그 이상은 20일분 요금(월정액 요금)으로 고정됩니다. 종량제 과금을 하지 않으므로 사용량이 늘어나도 지출이 늘어나지 않습니다.

관련 용어   API ▶▶▶ p.96   오브젝트 스토리지 ▶▶▶ p.76   하이브리드 클라우드 ▶▶▶ p.118   리전 ▶▶▶ p.48

15 GMO 클라우드의 클라우드 서비스

GMO 클라우드는 퍼블릭 클라우드 서비스 GMO 클라우드 ALTUS와 프라이빗 클라우드 서비스 GMO 클라우드 Private을 제공합니다.

GMO 클라우드 ALTUS와 GMO 클라우드 Private의 특징

퍼블릭 클라우드 서비스 'GMO 클라우드 ALTUS'의 주요 서비스는 가격 대비 성능이 뛰어난 'Basic 시리즈'와 전용 세그먼트(VLAN) 환경에서 시스템을 구축할 수 있는 'Isolate 시리즈', 그리고 스토리지 서비스인 '오브젝트 스토리지'로 구성됩니다.

'Basic 시리즈'는 포털 화면에서 셀프서비스로 가상 서버를 생성하고 삭제하는 등 리소스를 설정하고 변경할 수 있습니다. 데이터 전송 요금이 무료이므로 접속량이 많은 웹 사이트도 저렴한 가격으로 운영할 수 있습니다. 또한 GUI로 쉽게 서버를 구축하고 운용할 수 있는 플랫폼 'Plesk'를 제공하고 있습니다.

'Isolate 시리즈'는 전용 세그먼트(VLAN) 환경에 시스템을 구축할 수 있는 서비스입니다. 기본적으로 '가상 서버', '가상 라우터', '루트 디스크'의 조합을 사용할 수 있습니다.

한편, 프라이빗 클라우드인 'GMO 클라우드 Private'은 VMware 기반의 가상 서버를 제공하는 '밸류 시리즈'와 물리 서버를 제공하는 '스탠다드 시리즈' 중에서 고를 수 있습니다.

GMO 클라우드 ALTUS는 주로 웹 사이트나 게임 사이트 등 엔터테인먼트를 위한 서비스 플랫폼 또는 개발 환경으로 이용되고 있습니다.

'GMO 클라우드 Private'는 주로 사용자 기업의 사내 시스템 기반으로 이용되고 있지만, 하우징 서비스 등과 연계한 하이브리드 클라우드로 이용하는 사례가 늘어나고 있습니다.

● GMO 클라우드의 GMO 클라우드 ALTUS, 'GMO 클라우드 Private'의 개요

GMO 클라우드 ALTUS는 가격 대비 성능이 뛰어난 'Basic 시리즈'와 전용 세그먼트(VLAN) 환경에서 시스템을 구축할 수 있는 'Isolate 시리즈'를 제공하고 있습니다. 데이터 전송 요금은 무료입니다.

GMO 클라우드 ALTUS의 주요 서비스 라인업

Isolate 시리즈는 가상 라우터와 로컬 연결 등을 이용해서 전용 세그먼트(VLAN)에 시스템 구축이 가능

표준 기능(Basic 시리즈의 경우)

- 가상 서버(커스텀/고정)
- 업로드/다운로드(ISO 이미지/템플릿/볼륨)
- 방화벽
- OS 템플릿/ISO 이미지(CentOS/Ubuntu/Windows Server)
- 어피니티 그룹(가상 서버를 다른 물리 서버에 분산 배치)
- 고가용성(HA 기능)

- 스토리지(루트/데이터/백업)
- API
- 백업(스냅샷)
- 계정 권한
- 로드 밸런서(L4/L7)

옵션	솔루션	관리 서비스	사용자 인터페이스
• Plesk(서버 관리 도구) • SSL 인증서 • 도메인	• 보안 • 파일 서버 • 네트워크 • 오브젝트 스토리지 • CMS	• 도입 지원 • 기술 지원 • 보안 옵션 • 설정 대행 • 모니터링. 복구 서비스	• 서버 관리 ALTUS 포털 • 서버 설정 ALTUS 콘솔

GUI로 쉬운 서버 구축/운용이 가능

GMO 클라우드 Private 주요 서비스 라인업

밸류
- 전용 하이퍼 바이저(VMware vSphere ESXi)
- CPU(12코어/24코어)   • 메모리(24GB/48GB)
- VLAN(2개)

스탠다드
- 공유 하이퍼 바이저(VMware vSphere ESXi)
- CPU(1~16vCPU)   • 메모리(1~16GB)
- HDD(30GB)   • VLAN(2개)

옵션
- 리소스 추가(CPU/메모리/스토리지)
- 방화벽(전용 물리/전용 가상/공유 가상)
- IDS/ADS
- 하우징 연계
- VMware 관리 콘솔

- 인터넷 회선
- 로드 밸런서
- 거점 간 VPN
- 백업
- Windows Server, SQL Server

관리 서비스
- 모니터링 복구
- 가상 서버 생성 대행
- 백업 설정 변경
- 가상 서버의 데이터 가져오기 대행

- HV 운영 보고서
- 가상 서버 인프라의 설정 변경
- SSL 설정 대행
- 설정 대행

- 공용 방화벽 설정 변경
- 디스크 용량 추가
- 가상 서버의 데이터 내보내기 대행
- 휴일/야간 작업 대행

관련 용어   VLAN ▶▶ p.82   하이브리드 클라우드 ▶▶ p.26   프라이빗 클라우드 ▶▶ p.26

Chapter
5
클라우드 서비스 사업자

16 빅로브의 클라우드 서비스

빅로브는 'BIGLOBE 클라우드 호스팅', 'BIGLOBE 클라우드 스토리지', 'BIGLOBE 파일 서버', 'BIGLOBE 클라우드 메일' 등의 클라우드 서비스를 제공하고 있습니다.

BIGLOBE 클라우드 호스팅의 특징

'BIGLOBE 클라우드 호스팅'이 IaaS 서비스에 해당합니다. 'BIGLOBE 클라우드 호스팅'에서는 사용자가 제어판에서 동일본과 서일본 중에서 리전을 선택하면 짧게는 5분 만에 서버 리소스를 사용할 수 있습니다. 제어판에서 가상 서버를 생성하고 삭제할 수 있으며, 리소스를 확인하거나 서버를 모니터링하는 등의 작업도 할 수 있습니다.

요금제는 고정 요금제와 시간제 중에서 고를 수 있으며, 용도에 따라 언제든지 바꿀 수 있습니다.

'BIGLOBE 클라우드 호스팅'은 사용자 기업의 사내 환경과 클라우드 서비스 사이를 VPN 회선이나 기업 사용자가 지정한 회선으로 안전하게 접속할 수 있으므로 사용자 기업의 온프레미스 환경을 확장한 하이브리드 환경을 구축할 수 있습니다.

'BIGLOBE 클라우드 호스팅'은 일본의 회계 관리 프로그램인 '봉행 시리즈', 'PCA 시리즈', '야요이 시리즈', '다이진 시리즈'를 클라우드 서비스로 제공합니다. 시스템을 마이그레이션 할 수 있도록, 회계 관리 프로그램 설치에 필요한 마이크로소프트의 라이센스와 소프트 웨어를 설치/설정한 '업무 서버 팩'도 제공합니다.

'BIGLOBE 클라우드 호스팅'는 주로 기업 웹 사이트의 구축과 운영/웹 애플리케이션의 개발/SaaS 플랫폼/수백 명 규모 사용자 기업의 재무 회계 시스템/인사 관리 시스템/급여 시스템을 패키지로 이용하는 경우가 많습니다.

● 빅로브의 'BIGLOBE 클라우드 호스팅' 개요

'BIGLOBE 클라우드 호스팅'은 제어판으로 손쉽게 설정할 수 있으며, 월 정액제와 종량제 중에서 선택할 수 있는 등의 기본적인 IaaS 기능을 제공합니다. 회계 시스템과 패키지화된 '업무 서버 팩'을 이용할 수도 있습니다.

서비스의 전체 그림

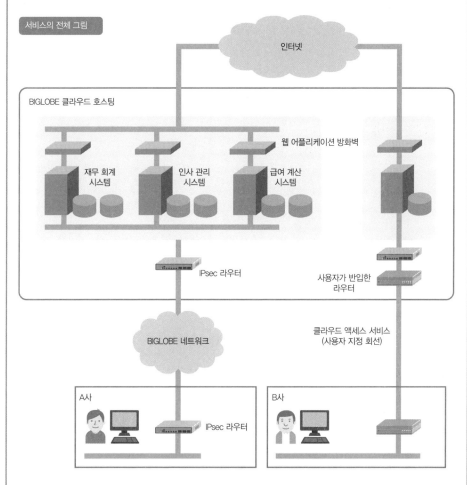

Chapter

5

클라우드 서비스 사업자

이 외에도 온라인 스토리지 'BIGLOBE 클라우드 스토리지'와 메일 시스템의 구축 및 운용 서비스인 'BIGLOBE 클라우드 메일'이 있습니다.

관련
용어   SaaS ▶▶ p.20   리전 ▶▶ p.48

기타 클라우드 서비스/클라우드 솔루션

    이 장에서 소개하지 못한 사업자의 클라우드 서비스/클라우드 솔루션을 소개합니다. 많은 SI 사업자들이 AWS 등의 하이퍼 스케일 클라우드 사업자와 제휴하여 자사의 클라우드 서비스에 기반한 하이브리드 클라우드를 제공하거나 자사의 시스템을 통합한 클라우드 솔루션을 제공하고 있습니다.

사업자	서비스/솔루션
오라클	50개 이상의 서비스들을 통합한 기업용 퍼블릭 클라우드 서비스 'Oracle Cloud Platform'을 제공
이토츄 테크노 솔루션즈(CTC)	IaaS/PaaS/SaaS, 프라이빗 클라우드를 아우르는 'Cloudage'라는 이름의 서비스 브랜드를 제공. IaaS/PaaS로는 자사의 데이터 센터에서 운용하는 퍼블릭 클라우드 서비스 'TechnoCUVIC'를 제공
니테츠 솔루션	자사 데이터 센터에서 운영하는 매니지드 클라우드 서비스 'absonne(앱손느)'를 제공
SCSK	프라이빗 모델, 쉐어 모델, 퍼블릭 클라우드 모델을 아우르는 클라우드 서비스 'USiZE(유사이즈)'를 제공
일본 유니시스 그룹	풀 매니지드 클라우드 서비스 'U-Cloud 서비스'를 제공
후지쯔 클라우드 테크놀로지	퍼블릭 클라우드 서비스 '니후쿠라(구: 니프티 클라우드)'를 제공
라쿠텐 커뮤니케이션즈	가상 서버와 관리 콘솔 등의 기본 기능을 충실히 갖춘 퍼블릭 클라우드 서비스 '라쿠텐 클라우드 IaaS'를 제공
소니 네트워크 커뮤니케이션즈	전용 VMware vSphere 환경을 제공하는 클라우드 서비스 '매니지드 클라우드 with V 시리즈'를 제공
모고야 재팬	'KAGOYA 전용 서버 FLEX' 서비스에서 '클라우드 서버'를 제공
링크	물리 서버를 사용할 수 있는 '베어메탈 클라우드'를 제공
NTT 그룹	NTT 동일본: '클라우드 게이트웨이 서버 호스팅' NTT 스마트 커넥트: '스마트 커넥트 클라우드 플랫폼' NTTPC 커뮤니케이션즈: '커스텀 클라우드' 등을 제공

업종별 · 목적별 클라우드
활용 사례

이 장에서는 클라우드의 업종 · 목적별 주요 사용 사례를 소개합니다. 다양한 클라우드의 이용 패턴을 알고 난 후에는, 바람직한 컴퓨터 시스템 구축 방법을 확인할 수 있게 될 것입니다.

01 클라우드 서비스의 이용 패턴

사용 패턴은 크게 4종류

클라우드 서비스의 사용 패턴은 크게 나누어 4종류로 분류할 수 있습니다. EC 사이트와 동영상 전송의 웹 사이트 등의 기반으로 이용하는 'Bto C 분야', 기업 내부 시스템의 기반으로 이용하는 '엔터프라이즈 분야', 지차체와 교육 등의 공공이용 기반으로 이용하는 '공공 분야', IoT와 인공지능(AI), 빅 데이터 분석에 이용하는 '신사업 분야'가 그것입니다.

초창기 클라우드 서비스가 제공될 때에는 주로 웹 사이트나 애플리케이션 개발 환경으로 이용되고 있었습니다. 그 후 VPN 망과 전용선 같은 네트워크 서비스와 데이터베이스 등의 기능이 정비되었고, 서비스의 신뢰성과 안정성이 높아진 결과, 최근에는 기업의 정보계 시스템부터 ERP와 같은 기간계 시스템까지 중요한 내부 정보 시스템 기반으로 채택되기 시작했습니다. 최근, 기업의 시스템을 리뉴얼하는 타이밍에 클라우드의 도입을 먼저 고려하는 '클라우드 퍼스트'라는 개념이 퍼지고 있습니다.

IT의 이용이 뒤처져 있다고 알려진 지자체, 교육과 같은 공공 분야에서도 '지자체 클라우드'나 '교육 클라우드'라는 단어가 사용되기 시작했습니다. 클라우드 도입으로 공공 기관의 시스템의 공통화를 추진함으로써, 시스템 효율성 향상을 통한 비용 절감 및 공공 서비스 개선을 꾀하려는 의도입니다.

또한 최근에는 IoT와 인공 지능, 빅 데이터 분석 등 급변하는 시장의 새로운 사업 분야에서 클라우드 서비스를 기반으로 새로운 사업을 전개해 나가려는 움직임이 보이기 시작했습니다.

접속 주체는 2종류

지금까지의 클라우드 서비스의 이용 방법은 PC나 스마트폰처럼 사람이 이용하는 디바이스를 통해 클라우드에 접속하는 형태가 대부분이었습니다. 그러나 앞으로는 공장이나 자동차 등 다양한 사물이 클라우드에 접속하여 방대한 자료를 수집하고 분석하여 비즈니스에 활용하려는 움직임이 퍼지게 될 것입니다.

하나 더   '클라우드 퍼스트'를 넘어 클라우드 서비스를 표준으로 사용하는 '클라우드 노멀', 클라우드만 사용하는 '클라우드 온리'라는 개념도 등장하고 있습니다.

● **사용 패턴은 크게 4종류**

클라우드 서비스의 주요 사용 분야는 총 4종류로, 'B to C 분야', '엔터프라이즈 분야', '공공 분야', '신사업 분야'가 있습니다.

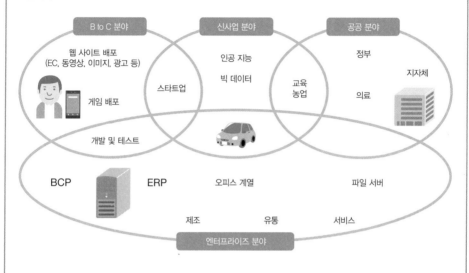

● **접속 주체는 2종류**

지금까지의 클라우드 서비스를 이용하는 주체는 사람이 이용하는 PC와 스마트 폰, 태블릿 등이었습니다. 앞으로는 다양한 사물이 클라우드에 접속하는 형태가 늘어날 것입니다.

관련 용어	ERP ▶▶▶ p.174	IoT ▶▶▶ p.182	지자체 클라우드 ▶▶▶ p.178
	인공 지능 ▶▶▶ p.60	빅 데이터 분석 ▶▶▶ p.180	

02 웹 사이트에서의 클라우드 활용

급격한 접속량 증가에 대비한다

EC, 동영상, 이미지, 광고 등 대량의 콘텐츠를 제공하는 웹 사이트의 기반으로 클라우드 서비스를 사용하는 사례가 늘어나고 있습니다. 이러한 웹 사이트는 미디어에 노출되거나, 소셜 미디어로 퍼지게 되면 급격하게 접속량이 증가하는 경우가 있습니다. 따라서 표시 속도가 느려지거나 서버가 다운될 우려가 있습니다. 따라서 접속량이 급증하여 웹 사이트에 부하가 걸리는 상황에 대비하여 가상 서버의 자원을 자동으로 확장하는 오토 스케일과 다른 존의 서버로 부하를 분산하는 등의 수단으로 대응합니다.

CDN의 이용

또한, CDN(Contents Delivery Network) 서비스를 함께 사용하여 접속량을 분산시키는 방법도 있습니다. CDN은 웹의 콘텐츠를 전달하기 위해 최적화된 네트워크입니다. 웹 콘텐츠가 저장된 서버 외의 또 다른 서버에 콘텐츠를 캐시해 두고, 사용자와 가까운 위치에 있는 서버가 콘텐츠를 대신 전달하면 접속량을 분산시킬 수 있습니다. 결과적으로 접속량이 급증해도 안정적으로 웹 사이트를 제공할 수 있게 됩니다. 대표적인 CDN 서비스로는 CDN 사업에 특화한 아카마이 테크놀로지스의 CDN과 AWS의 Amazon CloudFront, 마이크로소프트의 Azure CDN 등이 있습니다.

데이터 전송에 드는 비용도 고려한다

동영상과 같은 대용량 콘텐츠를 제공하는 경우는 클라우드 서비스의 데이터 전송 요금도 조심해야 합니다. 클라우드 사업자에 따라 업로드/다운로드와 관계없이 무료로 데이터를 전송할 수 있는 경우가 있고, 업로드는 무제한이지만 다운로드가 유료인 경우, 일정한 데이터양을 넘었을 경우에는 유료인 경우가 있습니다. 데이터 전송 요금도 고려하여 사업자를 선택하는 것이 바람직합니다.

● 급격한 접속량 증가에 대비한 웹 사이트

로드 밸런서를 이용하면 부하를 분산할 수 있고, 오토 스케일 기능을 이용하면 접속량이 급증하더라도 버틸 수 있으므로 웹 사이트의 기회손실을 방지할 수 있습니다.

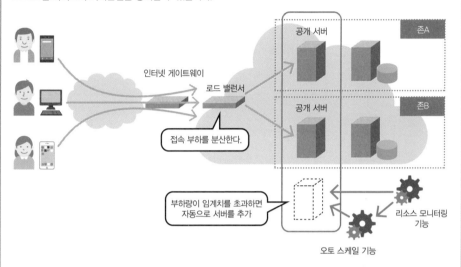

● CDN을 이용하여 접속 부하를 분산한다

클라우드 사업자가 제공하는 CDN 서비스를 이용하면, 각 지역의 사용자와 가장 가까운 배포 포인트에서 콘텐츠를 빠르게 제공할 수 있고, 접속 부하도 분산할 수 있습니다.

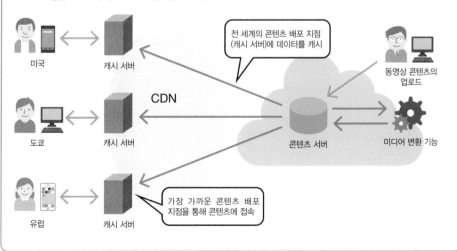

Chapter **6** 업종별 · 목적별 클라우드 활용 사례

03 소셜 게임의 클라우드 활용

소셜 게임 등의 배포는 게임의 인기에 따라 서버의 일별 접속량이 크게 변화합니다. 따라서 클라우드를 활용하여 서버의 개수를 유연하게 늘리고 줄여서 관리할 필요가 있습니다.

개발 단계

대부분의 소셜 게임은 개발 규모가 작습니다. 따라서 서비스 개발 단계에서는 서버 등의 인프라 투자를 최소화할 필요가 있는데, 이때 클라우드가 최적입니다.

공개 후의 운용

소셜 게임은 무료 제공 기간과 유료 제공 기간, 주목을 받아서 화제가 되는 시기와 그렇지 않은 시기가 있습니다. 따라서, 이용자 수와 이용 빈도에 따라 서버에 부하가 크게 걸릴 때를 대비하여 스케일 업, 스케일 아웃 등으로 유연하게 자원을 확장하고 축소할 수 있는 클라우드 서비스를 채택하는 것이 효과적입니다.

게임이 히트한 경우

소셜 게임은 히트할 경우, 엄청난 접속이 서버에 집중됨과 동시에 고속 처리를 요구합니다. 그러나, 클라우드 서비스의 가상 서버는 컴퓨팅 리소스를 공유해서 사용하기 때문에 성능이 부족한 경우가 있습니다. 스토리지 또한 다수의 사용자가 공유해서 사용하기 때문에 특히 데이터베이스 등이 하드 디스크를 읽고 쓸 때 디스크 I/O에 병목 현상이 발생하는 경우가 있습니다. 따라서 소셜 게임 서비스의 제공 환경을 구축할 때 자사의 프라이빗 클라우드 환경을 구축하는 사례와 퍼블릭 클라우드의 물리 서버(베어메탈 서버)를 이용하여 성능과 안정성이 높은 환경을 제공하는 사례가 늘어나고 있습니다.

클라우드 사업자가 소셜 게임용 과금 체계와 서비스 기능, 일정 기간의 무상 제공 및 패키지 플랜을 제공하고 있으므로 충분히 비교한 후에 선택하기를 권합니다.

하나 더   소셜 게임은 클라우드 사업자의 입장에서 리소스의 변동 폭이 매우 큰 업종이므로, 게임의 인기 여부에 따라 설비 이용률과 수익률에 큰 영향을 미칠 수 있습니다.

● 개발 단계부터 공개 단계까지, 서버의 개수와 스펙을 유연하게 조정

개발 시

개발 환경을 서버 1대로 정리
해서 각 개발자에게 제공

애플리케이션 서버

앱 등록 신청 시

로드 밸런서

애플리케이션 서버

캐시 서버   NoSQL 서버   RDB 서버

최소 구성으로 시스템을 조달

앱 등록 완료 시

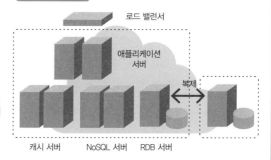

로드 밸런서

애플리케이션 서버

복제

캐시 서버   NoSQL 서버   RDB 서버

각종 서버를 이중화하고, 데이터베이스를
멀티 존에 복제

● 게임이 히트했을 때, 성능이 보장되는 안정적인 환경으로 전환이 가능한지 확인할 것

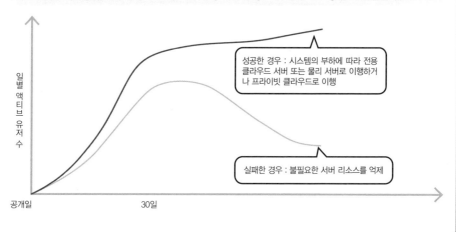

일별 액티브 유저 수

성공한 경우 : 시스템의 부하에 따라 전용
클라우드 서버 또는 물리 서버로 이행하거
나 프라이빗 클라우드로 이행

실패한 경우 : 불필요한 서버 리소스를 억제

공개일   30일

Chapter

6

업종별·목적별 클라우드 활용 사례

관련
용어   로드 밸런서 ▶▶▶ p.48   NoSQL ▶▶▶ p.74   RDB ▶▶▶ p.74

04 애플리케이션 개발/테스트 환경에서의 클라우드 활용

클라우드 서비스는 애플리케이션의 개발과 테스트 환경 구축에도 활용되고 있습니다. 애플리케이션의 개발 환경이면서 실행 환경인 PaaS 서비스나 컨테이너 서비스가 무르익은 결과, 개발자는 스스로 서버와 스토리지를 설정하고, OS나 미들웨어의 설정을 바꾸는 등 개발 환경을 유연하게 생성할 수 있게 되었습니다.

예를 들어 아이폰, 안드로이드와 같은 스마트폰용 애플리케이션을 개발할 때, 개발자가 로컬 개발 환경 또는 클라우드에 구현된 개발 및 실행 환경을 활용하여 최종 사용자에게 다운로드 사이트(앱 스토어와 구글 플레이)를 통해 제공하는 경우를 생각해 보겠습니다. 개발자는 Ruby, Java 등의 개발 언어를 지원하는 기능과 데이터베이스 API로 외부 서비스 연계와 같은 기능을 활용하여 애플리케이션 개발과 테스트, 팀 공동 작업을 단기간에 효율적으로 할 수 있습니다. 또한, 애플리케이션 공개 이전의 스테이징 환경을 통째로 복제하여, 출시 전까지 복수의 팀원들이 문제점을 확인하고 해결하는 등의 방법을 활용할 수 있습니다.

개발자는 클라우드 서비스를 활용하여 개발 환경부터 배포 직전의 스테이징 환경, 실제 서비스를 제공하는 프로덕션 환경까지 상황의 변화에 맞추어 개발 환경을 유연하게 생성할 수 있습니다. 또한 클라우드 서비스 위에서 개발/테스트/프로덕션 환경 제공/운영 및 유지보수 사이클을 구축할 수 있습니다. 따라서 사용 환경에 맞추어 빠르게 설계를 바꾸거나 시장에 투입할 수 있게 됩니다. 구축 작업을 자동화하여 개발 및 운영에 필요한 시간을 단축할 수 있고, 개발/테스트/운영 비용 절감을 꾀할 수 있습니다.

시스템 구성 · 설정 자동화 도구의 활용

또한 Puppet과 Chef, Ansible로 대표되는 클라우드 서비스와 연계된 운영 자동화 도구도 프로덕션 환경에서 사용할 수 있는 수준이 되었습니다. 이러한 도구를 사용하여 서버와 애플리케이션의 구성 및 설정을 템플릿으로 만들어 두면, 사용자 수가 증가하는 등의 상황이 발생했을 때 템플릿으로 자동으로 시스템을 구축할 수 있고 환경의 확장을 꾀할 수 있게 됩니다. 구축 작업의 자동화를 추진하면 개발 및 운영 기간을 개선할 수 있으며 개발, 테스트, 운영 비용의 절감을 꾀할 수 있습니다.

● **클라우드를 활용한 애플리케이션 개발 및 테스트의 흐름**

클라우드 서비스를 활용하여 개발 환경부터 애플리케이션 배포 직전의 스테이징 환경, 실제 서비스를 제공하는 프로덕션 환경까지 신속하게 마련할 수 있습니다.

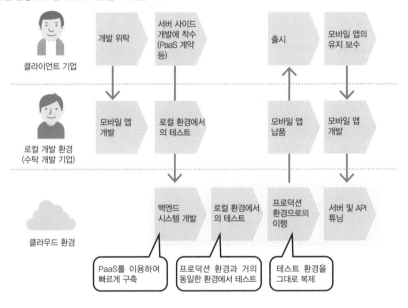

● **시스템 구축 및 설정 자동화 도구를 이용하여 개발 시간과 운용 시간, 비용을 절감**

관련 용어　API ▶▶▶ p.96　　PaaS ▶▶▶ p.22　　데이터베이스 서비스 ▶▶▶ p.54

Chapter

6

업종별 · 목적별 클라우드 활용 사례

05 스타트업 기업에서의 클라우드 활용

스타트업과 같은 중소기업이 새로운 서비스를 출시하여 사업을 전개할 즈음에는 서버 등 IT 시스템에 대한 투자가 큰 부담이 되곤 했습니다. 이러한 기업에 있어 IT 시스템을 보유하지 않고 필요할 때 필요한 만큼 컴퓨팅 리소스를 사용할 수 있는 클라우드 서비스는 사업을 시작할 때 아주 효과적인 도구가 되고 있습니다.

작게 시작하고 성장에 따라 컴퓨팅 리소스를 늘리고 줄인다

특히 스타트업에서는 신규 사업을 시작할 즈음, 아이디어를 즉시 실천에 옮기고, 사용자의 요구사항을 반영하여 단기간에 가설을 검증하고 피벗(작은 방향 전환)을 반복하는 방법을 통해 사업을 가속화하는 경우가 많습니다. 이 방법과 클라우드는 매우 궁합이 좋다고 할 수 있습니다. 기업의 성장과 사업 확장에 따라 컴퓨팅 리소스를 늘리거나 줄여서, 더욱 효율적인 리소스 환경 아래에서 서비스를 개발할 수 있습니다. 또한, 자사의 시스템 구축과 운영에서 해방되므로 자사의 핵심 업무와 고객에게 이익이 되는 업무에 집중할 수 있습니다.

우선 스몰 스타트로 사이트를 개설해서 콘텐츠와 서비스가 사용자에게 받아들여지면, 접속량 증가에 따라 저렴한 비용으로 유연하게 컴퓨팅 자원을 변화시키면서 사업을 확대해 나갈 수 있는 것입니다. 많은 클라우드 사업자들이 개발자 콘테스트 등을 개최하고 있습니다. 우수한 개발자에게는 개발 지원 및 투자 지원, 코워킹 스페이스 제공, 무료 교육, 일정 기간의 클라우드 환경을 무료로 제공하여 앞으로 성장이 기대되는 고객을 후원하고 있습니다.

스타트업을 후원하는 대표적인 이벤트와 콘테스트에는 TechCrunch Tokyo, Infinity Ventures Summit, B Dash Camp, Slush Tokyo 등으로 대표되는 스타트업 후원 이벤트가 있습니다. 여기에는 많은 클라우드 사업자가 스폰서로 참가하여 스타트업 기업을 지원하고 있습니다. 일본 정부도 스타트업 기업에 대한 지원에 적극적입니다. 경제 산업성이 지원하는 J-Startup 등이 대표적입니다.

● **클라우드라면 스몰 스타트에도, 급성장에도 대응할 수 있다**

스타트업의 신규 사업은 인지되기 시작하는 단계와 급성장하는 단계에서 필요한 컴퓨팅 리소스가 크게 다릅니다. 클라우드를 이용하면, 도입기와 성장기 등의 시기에 맞게 낭비 없이 리소스를 조달할 수 있습니다.

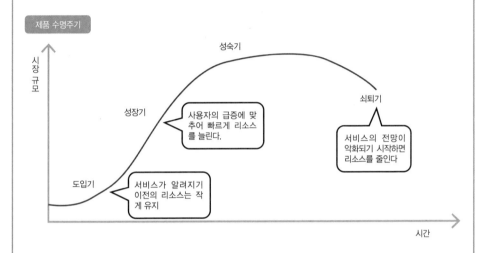

● **스타트업 기업에서의 이상적인 IT 활용 사례 중 하나**

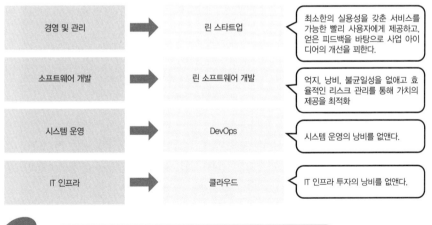

 '린(lean)'이란 군살없이 슬림한 상태를 뜻하는 말입니다. 전체 최적을 지향하여 낭비를 줄이는데 주력하고, 끊임없는 개선을 추진하려는 개념입니다.

관련
용어   DevOps ▶▶▶ p.124   중소기업에서의 활용 ▶▶▶ p.38

06 BCP에서의 클라우드 활용

BCP(Business Continuity Planning, 비즈니스 연속성 계획)란, 자연 재해나 테러 공격 등으로 인해 사회 기능이 정지된 경우에도 자사의 사업 자산 손상을 최소화하고 사업의 계속이나 사업 활동 재개를 할 수단·방법을 계획하는 것을 뜻합니다. 기업 사용자의 BCP 대책으로서 클라우드 서비스의 활용이 진척을 보이고 있습니다.

클라우드를 활용한 BCP 대책의 개요

클라우드를 활용한 BCP 대책으로 온프레미스 및 클라우드에서 운영하는 주요 사이트 외부 원격지에 클라우드 서비스에 백업 사이트를 준비합니다. 백업 사이트에는 백업 데이터를 자동 또는 수동으로 저장해야 합니다. 재해 등이 발생하여 메인 사이트의 정보 시스템이 다운되거나 데이터가 손실되었을 경우, 백업 사이트에서 업무의 복구가 가능합니다.

클라우드 서비스는 리소스 변경에 유연성을 제공하므로 백업 사이트 이용에 적합합니다. 평소에는 서버 및 데이터베이스 스냅샷(특정 시점의 디스크 상태)만 백업 사이트에 저장하는 용도로 놔둡니다. 그리고, 메인 사이트가 다운되었을 경우에 스냅샷으로 서버와 데이터베이스를 빠르게 복원시킵니다.

일본의 BCP 대책은 동일본의 도쿄, 서일본의 오사카 등 지리적으로 떨어진 위치에 데이터를 백업하는 것이 일반적입니다. 최근에는 일본에서 대규모 재해가 발생하더라도 해외 거점에서 업무를 지속해서 수행할 수 있도록 해외에 백업 사이트 환경을 마련해 두는 사례가 늘어나고 있습니다.

BCP 대책에 있어서는 모든 시스템을 온프레미스로 운용해도, 또 모든 시스템을 클라우드로 운용해도 각각 장점과 리스크가 있습니다. 온프레미스 시스템과 클라우드의 하이브리드 환경을 구축하여 백업 체제를 정비한다는 선택도 유효할 것입니다.

그러나, BCP 대책으로 여러 개의 거점을 마련하면 데이터를 분산하게 되므로 정보 유출에 따른 보안 리스크가 증가하게 됩니다. 거점 사이를 전용선과 VPN 망으로 연결하는 등의 보안 대책도 충분히 고려할 필요가 있을 것입니다.

● **원격지에 백업 사이트를 마련하여 대규모 재해에 대비한다.**

가상 서버 스토리지의 백업 데이터를 원격지의 클라우드에 저장하면, 재해 시에도 빠른 업무 복구가 가능합니다.

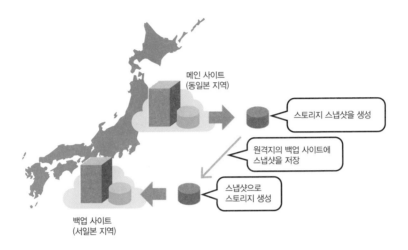

메인 사이트
(동일본 지역)

스토리지 스냅샷을 생성

원격지의 백업 사이트에
스냅샷을 저장

스냅샷으로
스토리지 생성

백업 사이트
(서일본 지역)

● **하이브리드 환경으로 백업 체제를 정비한다.**

온프레미스 시스템의 백업 저장소로 클라우드를 이용하는 것도 효과적입니다.

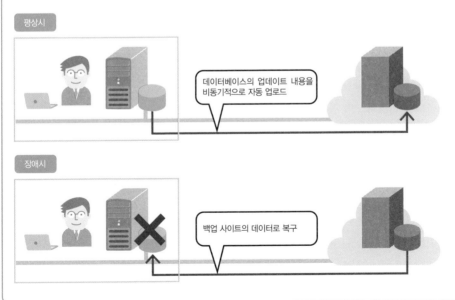

평상시

데이터베이스의 업데이트 내용을
비동기적으로 자동 업로드

장애시

백업 사이트의 데이터로 복구

관련
용어
VPN ▶▶ p.82   온프레미스 시스템 ▶▶▶ p.30   해외에 백업 ▶▶ p.176   스냅샷 ▶▶ p.48
전용선 연결 ▶▶ p.118

Chapter

6

업종별·목적별 클라우드 활용 사례

07 ERP에서의 클라우드 활용

기업 사용자 측에서는 핵심 시스템의 기반으로 클라우드를 채택하는 움직임이 진행되고 있습니다. 그러한 움직임 중에는 구매에서 생산, 판매, 회계 등의 업무를 통합적으로 패키지화한 ERP(통합 기간 업무 시스템)를 클라우드 서비스로 제공하는 '클라우드 ERP'의 도입이 진행되고 있습니다.

ERP는 업무별로 개별 최적화된 시스템이 아니라, 통합 데이터베이스를 통해 데이터와 흐름을 통합 관리하므로 업무를 실시간으로 시각화할 수 있습니다. 지금까지의 ERP는 대기업 중심의 도입이 대부분이었지만, 클라우드 ERP가 등장함으로 인해 중소기업에서도 도입이 진행되고 있습니다.

클라우드 ERP의 개요

클라우드 ERP는 ERP 패키지의 기능을 클라우드 서비스로 제공합니다. 기존에 온프레미스로 사용하던 ERP처럼 전용 어플라이언스 서버를 구입할 필요가 없습니다. 또한, 과도한 커스터마이즈가 불가능한 대신에 도입 기간이 큰 폭으로 단축되고, 개발과 운용의 효율을 높일 수 있으므로 낮은 가격에 제공되고 있습니다.

ERP 시스템을 업데이트하거나 신규로 도입할 때에는 클라우드 서비스가 제공하는 ERP의 최소 권장 시스템 구성으로 시스템 개발 및 검증을 수행한 다음, 프로덕션으로 이행하는 단계를 밟을 수 있습니다.

글로벌 비즈니스를 전개하고 있는 경우에 해외 거점별로 ERP 시스템을 구축한 사례를 적지 않게 볼 수 있습니다. 이를 클라우드 ERP로 통합하면, 글로벌 시스템의 통합 및 표준화 메커니즘을 만들 수 있습니다. 예를 들어 제조업의 경우, 공급망의 글로벌 레벨의 시각화가 가능해지며 전체 최적화를 통한 개발 속도 향상, 생산성 향상, 업무 효율화 등으로 이어지게 됩니다. 또한, 해외 거점을 빠르게 펼쳐 나갈 수 있다는 장점도 있을 것입니다.

클라우드 서비스로 제공되는 대표적인 ERP로는 SAP의 SAP S/4HANA Cloud, 마이크로소프트의 Dynamics 365, 오라클의 Oracle ERP Cloud, 인포어의 Infor Cloud Suite 등이 있습니다.

● 클라우드 ERP는 ERP 패키지의 기능을 클라우드 서비스로 제공한다.

ERP 시스템은 업무별로 개별 최적화된 시스템이 아니라, 각 업무 프로세스와 데이터의 무결성을 확보하여 전사적
으로 최적화된 시스템입니다. ERP로 업무 프로세스의 실시간 처리와 시각화가 가능해집니다.

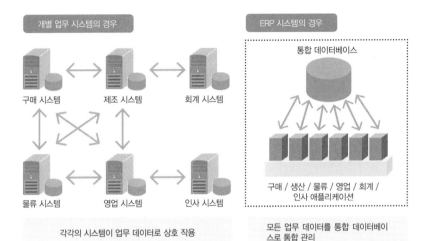

클라우드 ERP는 ERP 시스템을 클라우드로 제공하는 것입니다. 프라이빗 클라우드로 도입하는 PaaS 기반 타입과
퍼블릭 클라우드로 제공하는 SaaS 형 타입이 있습니다.

● 클라우드의 장점을 살린 ERP 시스템 업데이트 및 신규 도입 사례

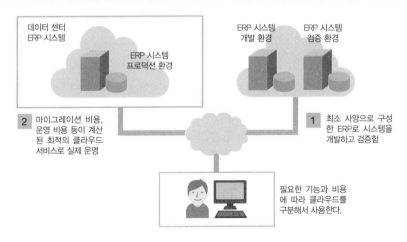

08 제조업에서의 클라우드 활용

제조업에서는 온프레미스 시스템의 생산 · 조달 관리 시스템, 제품 개발 시스템, 인사 · 재무 등 기업 계열 시스템 등을 클라우드 서비스로 이행하는 사례가 늘어가고 있습니다.

해외 사업 전개, BCP 대책 등에서 많은 장점이 기대된다

제조업 대부분은 국내뿐만 아니라, 해외에도 공장 등의 생산 거점을 두고 있습니다. 따라서, 나라마다 시스템을 구축하면 시스템의 사양이 뿔뿔이 흩어지게 되고, 시스템 조달과 보안 대응, 거점 전체 시스템의 구축과 운영 등에 큰 시간과 비용이 소요되게 됩니다.

그래서 해외 거점의 온프레미스 시스템은 클라우드 서비스로 이행하고 새로운 거점에 배포하는 경우, 처음부터 클라우드 서비스를 도입하면 신속한 사업 전개 및 운영 비용 절감으로 이어갈 수 있습니다.

또한, 클라우드 서비스의 이용에 그치지 말고 네트워크 서비스 및 관리 서비스, 보안 서비스 등을 클라우드 서비스 기반으로 바꾸는 등 최대한 전 세계에 공통된 사양으로 시스템의 표준화 및 전체 최적화를 진행하여 사업 전개의 신속성을 높여가는 노력이 필요해질 것입니다.

모든 온프레미스 시스템을 클라우드 서비스로 이행하는 작업은 라이센스 문제나 성능 등의 문제로 어려울 수 있습니다. 이 경우, 온프레미스 시스템과 데이터 센터를 함께 사용하는 케이스도 있습니다. 또는 온프레미스 시스템의 업그레이드에 맞추어 몇 년에 걸쳐 단계적으로 클라우드 서비스로 이행하는 작업도 필요하게 될 것입니다.

제조업종에서 일본을 거점으로 온프레미스 시스템을 구축하여 운용하고 있는 경우, 지진 등의 재해 위험이 따릅니다. 따라서, 예를 들어 일본을 메인 사이트로 만들고 싱가포르 등의 해외 거점을 백업 거점으로 만들어서 국가를 넘나드는 데이터의 백업 체제를 구성하고, 대규모 재해가 발생한 경우에도 비즈니스 연속성을 높이는 사례도 늘어나고 있습니다.

하나 더 제조 공장에서 생산 설비의 가동 상황 관리/장애 예측 등을 위해 IoT와 클라우드를 활용하는 사례가 늘어나고 있습니다.

● 제조업에서는 온프레미스를 클라우드로 전환하는 사례가 늘고 있다

가상 서버 스토리지의 백업 데이터를 원격지의 클라우드에 저장하면, 재해 시에도 빠른 업무 복구가 가능합니다.

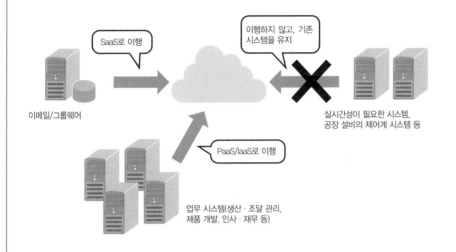

● 해외 사업 전개, BCP 대책 등에서 많은 효과가 기대된다.

기존의 시스템	클라우드를 활용한 시스템
• 지진 등의 재해 위험이 있는 일본에서 온프레미스 운용이 중심 • 해외 거점은 소규모 시스템에 분산 • 시스템 전체의 비용이 고정비용으로	• 해외 거점을 백업 거점으로 삼고, 대규모 재해 시에도 비즈니스 연속성 확보 • 전 세계 규모 시스템 운용의 수고를 줄임 • 해외 거점 조직과의 상호 지원 체제 확립 • 전체 비용의 절감

| 관련
용어 | BCP에서의 활용 ▶▶▶ p.172 | 온프레미스 시스템 ▶▶▶ p.30 | 글로벌로 전개 ▶▶▶ p.40 |

Chapter

6

업종별 · 목적별 클라우드 활용 사례

09 지자체 클라우드

일본 전국에는 1,700곳이 넘는 시/읍/면이 있습니다. 지자체 클라우드를 도입하는 목적은 전국의 지방 자치단체가 클라우드 기술을 전자 자치단체의 기반 구축으로 도입하여, 정보 시스템의 효율적인 정비와 운영/주민 서비스 향상 등을 꾀하는 데 있습니다. 지자체의 재정난이 계속되는 가운데, 각 지자체가 개별적으로 정보 시스템을 구축하고 운용하기는 어렵습니다. 그래서 지자체의 업무 정보 시스템을 클라우드 또는 데이터 센터에 통합하여 여러 지자체가 공동으로 이용하도록 합니다.

동시에 시스템을 개방하고 표준화해서 스케일 메리트를 살립니다. 그러면 그것이 지역 전체의 비용 부담을 줄여 효율적인 전자 자치 단체를 구축하는 초석이 되어 더 편리한 행정 서비스의 제공으로 이어지리라 기대하고 있습니다. 예를 들어, 재해 발생 시 주민 정보를 망실하는 사고를 방지하거나, 행정 기능을 빠르게 회복하여 행정 서비스의 연속성을 확보하는 등의 재해 대책 강화 수단으로 활용할 수 있습니다. 또한, 클라우드에 축적한 데이터를 연계하면 편리성과 부가가치를 높인 행정 서비스를 제공할 수 있게 됩니다.

지자체 클라우드의 형태

지자체 클라우드는 다음과 같은 형태가 있습니다.

- 여러 지자체가 공동으로 클라우드 사업자에게 운영을 위탁하는 형태
- 클라우드 사업자가 제공하는 서비스를 개별 지자체가 선택하여 도입하는 형태

일본 총무성은 '전자 자치체의 도입을 가속하기 위한 10개 지침'에 따라, 지자체 클라우드의 빠른 도입을 최우선 과제로 구분하였고, 행정 정보 시스템의 개혁에 대해 지방 자치단체에 기대하는 구체적인 조치를 제시했습니다. 지자체 클라우드를 도입한 지자체의 수는 2018년 4월 현재 약 400곳이며, 일본 정부는 2023년 말까지 지자체 클라우드를 도입한 지자체를 약 1,100곳으로 늘린다는 목표를 발표했습니다. 또한 일본 정부는 지자체의 내부 네트워크 환경(일본의 주민등록 번호인 마이넘버를 다루거나 종합 행정 네트워크에 접속하는 부서)과 공용 클라우드를 연결하기에 앞서, 안전하게 공용 클라우드를 이용하기 위한 보안 기준 등을 검토하고 있습니다.

● 지자체 클라우드의 이미지

지자체 클라우드란, 지자체의 정보 시스템을 클라우드 및 데이터 센터로 통합함으로써 여러 지자체가 공동으로 이용하는 것을 뜻합니다. 비용 절감과 새로운 행정 서비스 제공이 기대되고 있습니다.

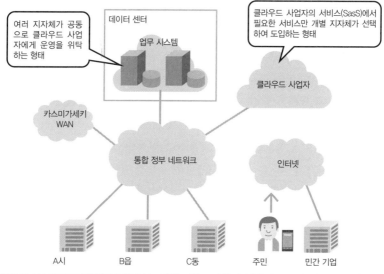

여러 지자체가 공동으로 클라우드 사업자에게 운영을 위탁하는 형태

데이터 센터
업무 시스템

클라우드 사업자의 서비스(SasS)에서 필요한 서비스만 개별 지자체가 선택하여 도입하는 형태

클라우드 사업자

카스미가세키 WAN

통합 정부 네트워크

인터넷

A시   B읍   C동   주민   민간 기업

(역자 주 : 카스미가세키, 일본의 주요 관공서가 모여있는 지역으로 일본 정치계나 외무부를 가리키기도 합니다.)

● 일본 총무성의 전자 자치체의 도입을 가속하기 위한 10개 지침

지침 1	마이넘버 도입과 지차체 클라우드 도입을 병행
지침 2	대규모 지방 자치 단체의 시스템을 철저히 오픈
지침 3	지방 자치단체에 의한 관할 시읍면의 클라우드화 가속
지침 4	클라우드 실시 체제의 적합한 선택과 인재 육성
지침 5	클라우드화와 업무 프로세스의 표준화를 병행
지침 6	클라우드 벤더와 최적의 조달 방법을 검토
지침 7	지방 공공 단체가 보유하고있는 데이터에 대한 오픈 데이터 추진. 실증 실험(공공 클라우드, G 공간 등)에 적극 참여
지침 8	주민 만족도가 향상되는 ICT 활용을 촉진
지침 9	정보 보안 강화. 재해에 강한 전자 자치체
지침 10	체크리스트를 활용한 PDCA 기능 강화

Chapter

6

업종별 · 목적별 클라우드 활용 사례

관련
용어   커뮤니티 클라우드 ▶▶▶ p.26

10 빅 데이터 이용을 위한 클라우드 활용

'빅 데이터'라고 하는 대량의 다양한 데이터를 비즈니스에 활용하려는 움직임이 활발해지고 있습니다. 빅 데이터를 '과업에 도움이 되는 연구 결과를 끌어내기 위한 데이터'로 설명하기도 하지만, 명확한 정의는 존재하지 않습니다. 이해를 돕기 위해 간단히 설명하자면, 빅 데이터는 일반적인 데이터베이스 소프트웨어가 처리할 수 있는 범위를 넘어서는 크기의 데이터를 말합니다. 그 크기가 수십 테라바이트에서 페타바이트에 달하는 데이터로 상상해도 좋습니다.

빅 데이터의 구체적인 예로는 SNS나 Twitter와 같은 소셜 미디어의 데이터, 자동차나 휴대폰의 센서가 생성하는 GPS/기온/강수량 등의 데이터, 온라인 쇼핑 등의 검색 로그/구매 내역 로그 등이 있습니다. 이러한 빅 데이터를 수집/분석/처리하면 이상 상태를 감지하거나 가까운 미래 예측에 활용할 수도 있습니다. 또는 이용자에게 맞춤 서비스를 제공하거나 업무의 효율성을 높일 수도 있고, 새로운 서비스의 런칭 등으로 이어갈 수도 있습니다.

방대한 양의 빅 데이터를 수집/분석/처리하려면 데이터의 양과 데이터가 만들어지는 시간/실시간 처리의 필요 유무 등을 고려하여 클라우드 서비스의 컴퓨팅 리소스/스토리지/데이터베이스/데이터 처리 도구/데이터 분석 도구 등을 이용해야 합니다.

빅 데이터의 활용 사례

클라우드 서비스를 이용하여 빅 데이터를 활용한 대표적인 사례로는 어느 회전 초밥 프랜차이즈의 사례가 유명합니다. 초밥을 서빙하는 접시 위에 IC 태그를 붙여 초밥 단품을 관리하고, 특정 시간 이상 레인 위에 있었다면 자동으로 버려서 신선도를 유지합니다. 또한 1분 후와 15분 후의 수요를 예측하고 공급 지시를 내려, 폐기 음식의 양을 1/4까지 줄일 수 있었다고 합니다.

이 회전초밥 체인에서는 대규모 스트리밍 데이터를 실시간으로 처리하는 Amazon Kinesis를 활용하여 초당 최대 6000개의 데이터를 수신하고, 데이터 웨어하우스 Amazon Redshift를 활용하여 Kinesis로 수집한 데이터를 고속으로 실시간 분석하고 있습니다.

● 빅 데이터란?

> ICT(정보통신기술)의 발전에 따라 생성/수집/저장이 용이/가능해진 다종/대량의 데이터.
> 이것을 활용해 이변을 감지하거나 미래를 예측하여, 개별 이용자의 니즈에 부응하는
> 서비스의 제공/업무의 운영 효율성 향상/새로운 산업의 창출 등이 가능하다.

소셜 미디어 데이터	멀티미디어 데이터	웹 사이트 데이터
사용자가 작성한 프로필과 코멘트 등	음악/동영상 스트리밍 사이트가 제공하는 오디오 및 비디오	전자상거래 웹 사이트나 블로그에 저장된 구매 내역, 블로그 게시물 등

고객 데이터		센서 데이터
CRM 시스템이 관리하는 판촉 데이터, 회원 카드 데이터 등	**빅 데이터 (big data)**	GPS, IC 카드와 RFID 등이 감지한 위치 정보/탑승 기록/온도 정보/가속도 정보 등

사무 데이터	로그 데이터	운영 데이터
사무실에서 생성된 문서 데이터, 이메일 등	웹 서버 등의 액세스 로그/에러 로그 등	업무 시스템이 생성한 POS 데이터, 거래 내역 데이터 등

● 회전 초밥 프랜차이즈의 빅 데이터 활용 사례

레인 위에 나열된 초밥 접시의 정보를 실시간으로 전송하여, 초밥의 신선도를 관리하고 수급을 예측하여, 폐기 음식을 감소시킨 사례입니다.

관련 용어 : Amazon Web Services ▶▶ p.130   IoT ▶▶ p.182   데이터 웨어하우스 ▶▶ p.54
데이터 분석 서비스 ▶▶ p.58

Chapter **6**

업종별 · 목적별 클라우드 활용 사례

11 IoT에서의 클라우드 활용

세상에 존재하는 모든 이벤트와 사물이 네트워크를 통해 서로 연결되는 IoT(Internet of Things)에 대한 관심이 높아지고 있습니다.

IoT에서는 컴퓨터와 같은 정보통신 기기는 물론 산업기기/자동차/주택/가전제품/소비재가 모두 네트워크에 접속하므로 많은 양의 데이터가 쌓입니다. 이렇게 쌓인 방대한 데이터를 분석해서 실시간으로 처리하면 여러 가지 일이 가능해집니다. 예를 들어, 가정이나 빌딩에 설치된 전력 계량기가 전력 회사와 통신하여 전력 사용량을 신고하여 소비 전력량을 최적화할 수 있습니다. 자동차로는 교통 상황을 예측할 수 있으며, 공장에서는 산업 설비의 가동 상황 시각화/설비 고장의 예측/설비의 자동제어가 가능해집니다. 개인은 웨어러블 디바이스가 수집한 수면/운동 등의 데이터를 바탕으로 건강을 관리할 수 있습니다.

대표적인 IoT의 도입 사례로는 공사 관계자와 건설 기계 등을 네트워크로 연결하여 정확한 작업을 실현하고 공정의 효율성을 높여 공사 기간을 단축한 코마츠의 사례가 있습니다. IoT의 활용으로 인해 비즈니스와 라이프스타일, 사회 환경까지 다양한 방법으로 개선(최적화)되는 것과 동시에, 지금까지 상상하지 못했던 새로운 비즈니스의 탄생이 기대됩니다.

IoT 시스템은 크게 4가지 요소로 구성됩니다.

- 사물(산업 설비/자동차/스마트 계량기/웨어러블 디바이스 등)
- 그들을 상호 연결하는 네트워크(인터넷, VPN 등)
- 사물이 송수신하는 데이터를 수집/처리하는 컴퓨팅 시스템(클라우드 서비스 등)
- 데이터를 처리하기 위한 애플리케이션(BI: 비즈니스 인텔리전스 등)

클라우드 서비스는 사물이 송수신하는 방대한 데이터를 수집하고 처리하기 위한 필수적인 서비스 플랫폼이며, IoT로 제공하는 대부분의 서비스는 클라우드 서비스를 통해 제공될 것입니다.

공장에서 IoT를 활용하는 이미지

IoT는 산업 설비/자동차/주택/가전 제품 등이 포함된 다양한 사물이 네트워크에 연결되는 개념을 말합니다. 사물이 수집한 데이터를 네트워크를 통해 클라우드에 저장하고 활용하는 등의 활동이 주목을 받고 있습니다.

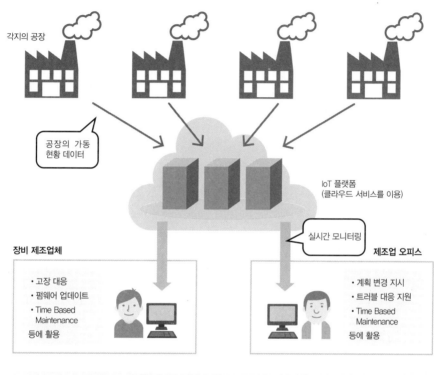

각지의 공장

공장의 가동
현황 데이터

IoT 플랫폼
(클라우드 서비스를 이용)

실시간 모니터링

장비 제조업체

- 고장 대응
- 펌웨어 업데이트
- Time Based
  Maintenance
등에 활용

제조업 오피스

- 계획 변경 지시
- 트러블 대응 지원
- Time Based
  Maintenance
등에 활용

IoT의 4대 구성 요소

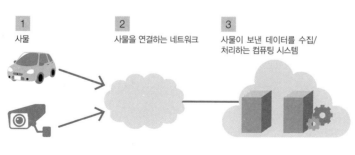

1 사물

2 사물을 연결하는 네트워크

3 사물이 보낸 데이터를 수집/
처리하는 컴퓨팅 시스템

4 데이터를 분석하는
애플리케이션

관련
용어   IoT 서비스 ▶▶▶ p.58   VPN ▶▶▶ p.82   엣지 컴퓨팅 ▶▶▶ p.86

Chapter

6

업종별·목적별 클라우드 활용 사례

12 커넥티드 카/자율주행 자동차의 클라우드 활용

셀 수 없이 많은 센서를 부착한 자동차가 항상 인터넷에 연결되는 '커넥티드 카'와 인간 대신에 자동차 조작에 필요한 일련의 조작을 컴퓨터가 대신하는 '자율주행 자동차'에 대한 관심이 높아지고 있습니다.

커넥티드 카는 위성 위치 확인 시스템(GPS)으로 수집한 위치 데이터와 속도 데이터와 같은 프로브 데이터, 영상 데이터, 지도 데이터(정밀 지도), 자동차 고유의 제어 데이터 등 방대한 데이터를 수집합니다. 그리고 이러한 데이터를 주행 계획을 제안하거나 안전 지원 시스템에 반영하는데 충실히 활용합니다.

이러한 커넥티드 카가 궁극적으로 발전한 모습이 자율주행 자동차입니다. 자율주행 자동차는 레이더 또는 카메라로 다른 차량/장애물/신호 등을 복합적으로 '인식'합니다. 그리고 이렇게 수집한 방대한 데이터를 AI가 클라우드 서비스를 활용하여 실시간으로 분석하고 처리합니다. 상황에 따라 차량의 진로를 적절하게 '판단'하며, AI의 판단에 기초하여 핸들/액셀/브레이크 등의 장치를 '제어'하는 등의 일련의 작업을 처리합니다.

자율주행 자동차는 교통사고/교통체증/환경오염/운전자의 운전부담 등을 크게 줄이는 등 현대 도로교통의 과제를 해결할 수 있을 것으로 기대를 받고 있습니다. 또한 자동 운전기술을 활용한 혁신이 물류업계 전반의 효율성 향상을 촉진하여 더욱 광범위한 산업으로 파급될 것으로 기대됩니다.

엣지 컴퓨팅과 클라우드로 방대한 데이터를 처리한다

개별 차량이 수집한 방대한 데이터는 엣지 컴퓨팅과 클라우드 서비스를 활용하여 저장/처리해야 합니다. 자율주행 자동차가 시가지 등의 복잡한 환경에서 달리려면, 앞에서 설명한 바와 같이 인식/판단/조작 등을 자동차에 탑재한 AI/엣지컴퓨팅/클라우드 서비스를 연계해서 처리할 수 있어야 합니다.

커넥티드 카와 자율주행 자동차가 전국적인 규모로 대중화된다면, 클라우드 서비스는 빼놓을 수 없는 사회적 인프라로 자리매김할 것입니다.

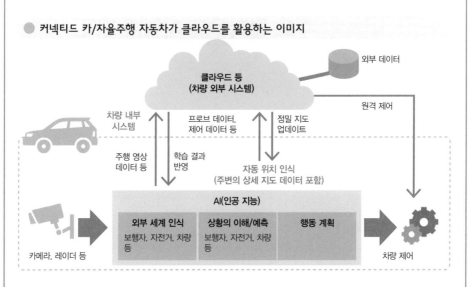

● 커넥티드 카/자율주행 자동차가 클라우드를 활용하는 이미지

일본 정부는 자율주행 레벨이 3이상인 자율주행 시스템을 '고도 자동주행시스템'으로, 자율주행 레벨이 4,5인 자율주행 시스템을 '완전 자동운전시스템'으로 정의하고 있습니다.

레벨		개요	안전 운전과 관련된 감시/대응 주체
운전자가 일부 또는 모든 동적 운전 태스크를 실행	레벨 0 자동화 없음	운전자가 모든 동적 운전 태스크를 실행함	운전자
	레벨 1 운전 서포트	시스템이 수직 방향 또는 수평 방향의 차량 운동제어 서브태스크를 제한 영역에서 실행함	운전자
	레벨 2 부분 운전 자동화	시스템이 수직 방향과 수평 방향 모두의 차량 운동제어 서브태스크를 제한 영역에서 실행함	운전자
자동운전시스템이 작동할 때 모든 동적 운전 태스크를 실행	레벨 3 조건부 운전 자동화	시스템이 모든 동적 운전 태스크를 제한 영역에서 실행함 작동 유지가 곤란한 경우에는 시스템의 개입 요구 등에 적절히 응답함	시스템 (작동 유지가 어려운 경우에는 운전자가 대신함)
	레벨 4 고도 운전 자동화	시스템이 모든 동적 운전 태스크와 작동 유지가 어려운 경우에 대한 대처를 제한 영역에서 실행함	시스템
	레벨 5 완전 운전 자동화	시스템이 모든 동적 운전 태스크와 작동 유지가 어려운 경우에 대한 대처를 무제한으로(즉, 제한 영역 바깥에서) 실행함	시스템

출처: 민관ITS 구상 로드맵 2018 자동운전 레벨 정의의 개요

관련 용어   AI/기계학습 서비스 ▶▶ p.60   IoT ▶▶ p.182   엣지 컴퓨팅 ▶▶ p.86   빅 데이터 ▶▶ p.180

Chapter

6

업종별·목적별 클라우드 활용 사례

주요 클라우드 사업자 URL

클라우드 사업자별 주요 서비스의 URL입니다.

Amazon Web Services (AWS)	https://aws.amazon.com/ko/
Microsoft Azure	https://azure.microsoft.com/ko-kr/
Google Cloud Platform (GCP)	https://cloud.google.com/
Alibaba Cloud	https://www.alibabacloud.com/ko
IBM Cloud	https://www.ibm.com/kr-ko/cloud
NTT 커뮤니케이션즈 Enterprise Cloud (ECL)	https://ecl.ntt.com/
KDDI 클라우드 플랫폼 서비스 (KCPS)	http://iaas.cloud-platform.kddi.ne.jp/
소프트뱅크 화이트 클라우드 ASPIRE	https://www.softbank.jp/biz/cloud/iaas/aspire/
FUJITSU Cloud Service	http://jp.fujitsu.com/solutions/cloud/
NEC Cloud IaaS	https://jpn.nec.com/cloud/service/platform_service/iaas.html
IIJ GIO 인프라 P2	https://www.iij.ad.jp/biz/p2/
IDC 프론티어 IDCF 클라우드	https://www.idcf.jp/cloud/
사쿠라 인터넷 사쿠라 클라우드	https://cloud.sakura.ad.jp/
GMO 클라우드 ALTUS	https://www.gmocloud.com/
BIGLOBE 클라우드 호스팅	https://business.biglobe.ne.jp/hosting/

ㅌ~ㅎ

그림으로 배우는
클라우드 2nd Edition

1판 1쇄 발행 2020년 8월 25일
1판 5쇄 발행 2023년 1월 31일

저 자 하야시 마사유키
역 자 서재원
발 행 인 김길수
발 행 처 (주)영진닷컴
주 소 서울특별시 금천구 가산디지털1로 128 STX-V타워 4층 401호
대표전화 1588-0789
대표팩스 (02)2105-2207
등 록 2007. 4. 27. 제16-4189호

영진닷컴
프로그래밍 도서

영진닷컴에서 출간된 프로그래밍 분야의 다양한 도서들을 소개합니다.
파이썬, 인공지능, 알고리즘, 안드로이드 앱 제작, 개발 관련 도서 등 초보자를 위한 입문서부터
활용도 높은 고급서까지 독자 여러분께 도움이 될만한 다양한 분야, 난이도의 도서들이 있습니다.

스마트 스피커
앱 만들기

타카우마 히로노리 저 | 336쪽
24,000원

호기심을 풀어보는
신비한 파이썬
프로젝트

LEE Vaughan 저 | 416쪽
24,000원

나쁜 프로그래밍
습관

칼 비쳐 저 | 256쪽
18,000원

유니티를 이용한
VR앱 개발

코노 노부히로, 마츠시마 히로키,
오오시마 타케나오 저 | 452쪽
32,000원

하루만에 배우는
안드로이드 앱 만들기
2nd Edition

서창준 저 | 272쪽
20,000원

퍼즐로 배우는
알고리즘
with 파이썬

Srini Devadas 저 | 340쪽
20,000원

돈 되는
안드로이드
앱 만들기

조상철 저 | 512쪽 | 29,000원

IT 운용 체제 변화를 위한
데브옵스 DevOps

카와무라 세이고, 기타노 타로오,
나카야마 타카히로 저
400쪽 | 28,000원

게임으로 배우는
파이썬

다나카 겐이치로 저 | 288쪽
17,000원

수학으로 배우는
파이썬

다나카 카즈나리 저 | 168쪽
13,000원

텐서플로로 배우는
딥러닝

솔라리스 저 | 416쪽
26,000원

그들은 알고리즘을
알았을까?

Martin Erwig 저 | 336쪽
18,000원